番片来批

厦门侨批故事

台海杂志社　编著

海峡出版发行集团 | 海峡文艺出版社

《番爿来批》编委会

顾　　问：陈慧瑛

主　　编：年　月

副 主 编：刘舒萍

编　　务：司　雯　郑雯馨　陈于晨

装帧设计：江　龙

无论我们身处何方

对家的那份牵挂、那份眷恋，永远不会改变

这份深情穿越时空，穿越大海，穿越山川

云中谁寄锦书来

文 / 李泉佃

2020 年 10 月 13 日，习近平总书记在汕头参观具有潮汕侨乡特色的侨批文物馆时强调，"侨批"记载了老一辈海外侨胞艰难的创业史和浓厚的家国情怀，也是中华民族讲信誉、守承诺的重要体现。要保护好这些"侨批"文物，加强研究，教育引导人们不忘近代我国经历的屈辱史和老一辈侨胞艰难的创业史，并推动全社会加强诚信建设。

19 世纪中叶至 20 世纪 70 年代期间，海外华侨华人通过民间渠道以及后来的金融邮政机构，寄回国内的连带家书或简单附言的汇款凭证，被统称为"侨批"，又称"番批"。

侨批不仅仅记录了一个时期的金融发展、一段充满家国情怀的历史，也保留了一个个生动有趣的侨批故事。尤其是侨批书信所记载的信息是真实的、私密的，是未经雕琢的史信，被誉为中国"20 世纪的敦煌文书"。

今年，是侨批档案入选联合国教科文组织《世界记忆名录》10 周年。在中国所有已被列入《世界记忆名录》的项目里，侨批是唯一一个"发现在民间、散落在民间、研究在民间"的项目。

近年来，厦门市高度重视侨批档案工作，出台了有关侨批工作的政策，对侨批的抢救修复、征集保护和开发利用作出了具体部署，华侨博物馆、侨批广场、侨批展厅等场所人流如织，歌仔戏《侨批》获评中宣部"五个一工程"文艺创作项目，《厦门侨批》《按章索局》《同安侨批》等书籍相继出版，等等这些在彰显侨批文物价值、文化价值、历史价值，凝聚侨心、汇聚侨力等方面发挥了积极的作用。

新近，由厦门市人大侨务外事委员会、厦门市政协港澳台侨和外事委员会指导，台海杂志社编著的《番爿来批》一书正式出版，这是我市挖掘侨批文化又一精品力作。

对于《番爿来批》一书的内容，在此不再赘述，我仅就其几个特点，谈点个人体会，算是抛砖引玉。

侨批是具有历史价值的文化珍品，但如何以侨批中表达的生活与感情感化新时代的人，是一个普遍值得关注的问题。如果侨批只是束之高阁，放在博物馆里无人问津，势必造成宝贵资源的浪费，也使整个侨批研究成为无的之矢。因此，要努力找到历史与现实的交汇点，做好侨批资料的开发利用，让死资料"活"起来，使之在践行社会主义核心价值观中发挥独特的作用。《番爿来批》与之前出版的侨批故事书籍最大的不同，在于从不同角度述说历史，对话先辈，用一种碎片化、文学化的微观叙事，发掘和描写了一个个动人的侨批故事，让读者打开尘封的记忆，穿越时空的隧道，追寻先贤的足迹，感悟精神的力量。《番爿来批》共7章39节，充分展现了一个半世纪以来厦门海外华侨华人的奋斗历史，真实记录了近代侨居国（地）和厦门侨乡社会的历史变迁，有力见证了近代中西文化的交流与融合。全书由台海杂志社社长年月领衔，几位资深女记者深入厦门岛内外大街小巷、田间地头、犄角旮旯，与专家、学者、市民、村人对话，不仅写了相互勾连的人物故事，展示人物的情怀心绪，而且跳出个人、群系及区域，以更为深广的角度审视、比照笔下人物和地域文化，全方位、多层次、宽领域地解读侨批文化的内涵。此其一。

其二，一纸侨批，不仅承载着华侨们的浓浓乡愁，更诉说着他们深沉的家国情怀。华侨游子即便是背井离乡，但根与魂也始终在祖国。在辛亥革命以及抗日战争时期，厦门籍的广大侨胞通过捐款、购买救国公债、侨汇、投资和捐献物资等多种方式支援祖国，这些捐赠大多通过侨批或银行寄汇的方式进入国内，支持民主革命、民族解放。海外赤子或亲身参与，或奔走筹资，《番爿来批》写到的批封上的抗日口号、刻着购救国公债的邮戳，字里行间无不向我们展示着华侨们满腔的爱国热血。尤其是以陈嘉庚为代表的一代侨领，在异国他乡艰苦创业，勤俭节约，将来之不易的血汗钱通过侨批寄回家乡，兴办各种公益事业，其一草一木、一砖一瓦、一楼一厝，是华侨们家国情怀的生动写照和历史积淀。

其三，《番爿来批》一书，融入了百年的世事变迁，既抒写厦门华侨血浓于水的家国情怀，也挖掘他们诚信守义的精神。侨批信局的诞生，拉开了中国金融邮讯发展的序幕。《番爿来批》写的不仅仅是侨批。一纸侨批，虽只是民间契约，却具有巨大的约束力，这就是侨批令人动容之处。《番爿来批》的《按章索局》一章，突出描写了在侨批发展史上，作为华侨和侨眷之间的桥梁，无论是批局还是水客、批脚，都恪守"诚信自律"的准则。银庄也好，银行也好，信局也好，侨批业的头号规矩是：无论如何都不能让寄批人和收批人蒙受损失，批款必须如数送达侨眷手中。有些信局有时往往不得不以倾家荡产为代价来维护行业信誉。比如，作为闽南侨批业的佼佼者，天一信局规定寄送侨批必发票根以备查询，并雇佣固定信差，防止信差向侨眷索要小费，侨批信封上加盖的信用戳还会做出这样的承诺："送到贵家，设法异常，无甲小银，无取酒资。"天一信局将诚信刻印在细节之中，博得了广大华侨及侨眷的信赖，业务发展也随之蒸蒸日上。鼎盛时期，天一信局的年侨汇额达千万元大银，占闽南侨汇总量的近三分之二。《番爿来批》就是这样，通过挖掘侨批背后的故事，来反映闽南人诚信守义的精神。

侨批虽已成为历史，侨批文化却历久弥新。它沿着海丝之路，见证了世界上最特殊的邮传载体的崛起；它经历战火的洗礼，成了海外赤子的信仰；它丰富了海洋文化的殿堂，成为一根跨越国界的纽带，一头是羁旅故乡的海外赤子，一头是望眼欲穿的故土亲朋。如今，属于侨批的历史烟云虽早已淡去，但我们有责任有义务挖掘"侨"的精神，向世人讲好"侨"的故事，让这数百年在昏黄灯光下写下的家书，历经百年流转，依旧温情永存。这就是《番爿来批》付梓成书的意义吧。

是为序。

癸卯年秋

（作者为厦门市委宣传部原副部长，厦门日报社原党委书记、社长。）

目　录

过番谋生

003　南洋钱　唐山福

012　厦门，闽南侨批的重要据点

025　从集通行到集友银行

　　　陈嘉庚创办的侨批业蕴藏着拳拳爱国心

036　金门侨批中展现厦金之情

按章索局

048　从日兴银庄到中南银行

　　　南侨巨擘黄奕住创办的侨汇事业

057　合昌信局：中国银行进军侨批业的化身

064　天一信局：中国邮政史上"三最"

　　　规模最大，分布最广，经营时间最长

073　王顺兴信局：听王家敲银声，知海外银圆来

跨越山海

083　消失的汇庄与新厦两地缘

089　铭记历史，留住闽侨记忆

095　菲侨归厦，助力侨乡换新颜

101　水客：跨山越海两地书

107　批脚：从过去而来的信使

金融史诗

115　漂洋过海的万金家书
　　　简析闽南侨批业的金融属性

123　中国近代钱币的微型"博物馆"
　　　闽南侨批封上的货币演变

128　坚韧地向世界各地延伸
　　　闽南侨批串起海上金融丝绸之路

137　没有南洋华侨就没有近代厦门
　　　闽南侨汇推动厦门经济发展

情系桑梓

151　家国情怀寄尺素

157　志挚兴学，以教兴国

163　纸短情长诉亲缘

171　移风易俗，促侨乡文明

见字如面

181　那封回批只有"年"一个字

184　近400封家书，读懂三代人的思念

190　每看一次批，就仿佛又听哥哥在说话

196　寻根，又不止于寻根

202　过番来批见真情

文化破圈

211　歌仔戏《侨批》道尽悲欢离合

221　不止于"批"

227　大厝里说侨事

233　南洋"新"风，吹入闽乡

238　远行的背影，归来的热泪

后记

过番谋生

当年，大批闽南人"过番出海"、打拼异乡。当在南洋赚到钱后，他们不忘寄钱回家乡接济亲人，闽南人把从南洋寄过来的钱叫"番批"或"侨批"。于是，有了"南洋钱，唐山福"这句俗语。

深入福建，时常可见经历上百年风雨洗礼的番仔楼（图/林火荣）

> "下南洋，闯世界"，一个充满挑战和机遇的选择。远离家乡，走向这片烟瘴烈日长的土地，他们带着家乡的记忆，带着对未来的希望，带着"三把刀"——剃刀、剪刀和菜刀，披荆斩棘地在异乡拼搏立足。生活虽艰，但他们始终没忘记家乡，稍有积蓄，便托水客带回"唐山"，稍富裕者则买田做屋，购店置产。所以有"南洋钱，唐山福"之说。

南洋钱 唐山福

文 / 刘舒萍

　　福建是著名的侨乡。明清时期，海上贸易繁荣，一支一支浩浩荡荡的商队，沿着前人的足迹下南洋，烟波浩瀚的大海，艰险万分而又充满希望。在民国清末时期，"下南洋"与"闯关东"一样，成了当时人们到外地谋生的一种时髦话语，以至出现了有海水处就有华侨之盛况。如今在东南亚乃至世界 160 多个国家或地区，都有闽南人的足迹，都可以听到闽南人的声音，感受到闽南文化的影响。

　　远渡异邦的无奈，愁肠百结的倾诉，最终凝结在侨批的词句间。侨批是"银信合一"的特殊寄汇方式，一封薄批，几句嘱言，深藏了数不清的思念、辛酸和苦痛。对侨眷来说，侨汇不仅是赡家费用，也是海外亲人平安的信号。

古厝见证华侨下南洋

　　在海沧新垵村有许多百年红砖古厝，村里的人从元末就开始过番经商，足迹遍布菲律宾、马来西亚、越南等地，经商发财后他们纷纷回家乡建起大厝，在当时轰动一时，也给新垵村留下了绵延不绝、美轮美奂的古民居遗产。

庆寿堂是这些古民居中最有代表性的建筑之一，主人叫邱得魏。当年邱得魏跟随村里人出外谋生，先是到越南西贡当杂役。由于吃苦耐劳，手脚勤快，他很快得到老板器重。慢慢有了积蓄后，他便自己开办碾米厂，经营大米生意，发财致富后，携巨款回到新垵村惠佐社，建起庆寿堂。

庆寿堂的大门是实心的，据说是用长在海中的越南海柳木制成的，特意从西贡运来，其质如铁、遇火不燃，即使过了百来年，仍然坚固如初。而门庭前的石雕，材料用的是"青斗石"和"泉州白"，廊庑下的地砖据说从国外运来，厅堂上装饰着西洋镜和西洋钟，画屏上镂刻着古典诗词和古人警句，东西方的技术在这里完美融合。在新垵村，像庆寿堂这样的屋舍当年共修建了 500 多座。

除了中式古民居，深入福建，时常可见历经上百年风雨洗礼的番仔楼，三三两两耸立在乡村，那是离乡背井的番客们用血汗和生命垒筑起来的。番仔楼大而高，这是飞越山山水水抵达家乡的寄托，是在乡亲们面前凌空站立的荣光，也是建在番客婶心上的安慰。从建筑的不同风格亦可判断出华侨下南洋的时期。

漫步在梧林这座有 600 多年历史的古村落里，你可以看到 12 幢南洋风味番仔楼和 11 幢罗马式、哥特式洋楼。这些华侨建筑多为 20 世纪初至 20 世纪 30 年代末之前所建，盛满闽南华侨的乡愁。据史料记载，梧林村落形成于明洪武年间。清末，梧林开始有人旅居海外，逐渐形成了"一个带一帮，一门带一户"的风气，随后陆续有旅居海外的华侨回国出资建造了大量精美的洋楼，村庄规模逐渐扩大，建筑风格亦

侨批的研究价值被越来越多的人所认可（图/刘舒萍）

梧林人更乐意把"侨批馆"称为"旧学堂"（图/梧林传统村落）

逐步多元化。

在众多洋楼中，有这样一栋外表仅由闽南红砖砌就的洋楼，名为"旧学堂"。旧学堂建于1938年，楼主蔡顺意常年旅居菲律宾。据说，当时蔡顺意看到家乡往菲华侨众多，每年有大量侨汇寄回，便准备拓展侨批业务，办个侨批馆，以服务梧林及周边的华侨、侨眷。但大楼开始内部装修时，因日寇侵华，楼主蔡顺意毅然把准备用于装修侨批馆的一笔巨款全部捐给抗战事业。中华人民共和国成立后，蔡顺意家族还慷慨地将该楼借与乡民兴办学堂，一直到1984年，这里都还是村里的学堂，这就是这座大洋楼被人们亲切地称为"旧学堂"的原因。如今，这里被开发为梧林侨批馆，以另一种方式延续侨批的故事。

漂洋过海，路途遥远

"清末，婆太（客家话对曾祖母的称呼）从有600年历史的初溪土楼嫁到中川古村的片月楼，新文化运动时期她和公太一起下南洋到了印尼，生下三个女儿，后来公太（客家话对曾祖父的称呼）在动乱中丧命，我的爷爷成了遗腹子。婆太在印尼生活了15年后带着公太的骨灰和年幼的爷爷返回唐山，没想到1937年抗战爆发，日本人封锁了出海港口，婆太和她的三个女儿就此远隔重洋。"作为曾孙辈的老幺，从小在厦门长大的胡靖彦和她的曾祖母素未谋面，但对曾祖母的故事，可谓信手拈来，原来每次过年回龙岩土楼，胡靖彦总会拉着爸爸胡红平，一遍一遍地听曾祖母的故事。

中川村是闽西著名的侨乡，涌现出"锡矿大王"胡子春、胡重益、胡日初、胡曰皆和万金油大王胡文虎等名人。胡红平介绍说，清末以前，客家地区地薄人穷，老百姓要改变贫困无非两条路：一是科举高中，走向仕途；二是过番闯荡，下南洋发财。龙岩地区山重水复，自古以来交通极其不便，要想出洋，首先得步行数十里才能到达搭船的码头，多数是经潮汕出洋。马来西亚"锡矿大王"胡曰皆在其回忆录中，对其下南洋的经历有详细的记录。胡曰皆 1924 年 18 岁时下南洋，先是从永定下洋中川村步行 50 里到大埔老县城茶阳汀江码头，乘小船到达汕头后，因船期不遇，等候 10 多天才登上载重约 4000 吨的"沙士顿"号轮船。可见，当时出洋之不易。

在胡红平记忆里，奶奶推崇耕读传家，对父亲的教育抓得很严，家里再穷也要供父亲上学，最终，父亲考取了厦门大学后留校工作。在印尼和香港的亲戚常常给奶奶寄来各种洋货和书信，触景生情，奶奶总会情不自禁地想起远方的亲人。朝也盼，暮也盼，终于在 1979 年等来了。奶奶和父亲带着胡红平兄弟几人赶往广州华侨大酒店，见到了定居香港的姑姑及其儿子，团聚之时自是悲喜交加、老泪纵横。

据业内人士估计，在中华人民共和国成立前，闽南和潮汕地区靠海外侨胞寄回"批款"维生的民众，就占了当地总人口的一半甚至更多，有些乡村比例高达 70%～80%。在寻找侨批的故事中，笔者邂逅了一段段闽南人在海外的开发史，故事里有远渡重洋的谋生之难，有千里之外的家事纷扰，既包含了家族故事，又涵盖了地方历史，其中印象最深的是巴干亚比渔港的拓荒故事。

在千岛之国的印度尼西亚东海岸，有个举世闻名的渔港巴眼亚比（旧译"峇眼亚比"），岛上居民绝大多数是福建华侨的后裔，从事渔业生产。据悉，清朝年间，下后滨人洪尔魁、洪尔城、洪思报等 18 位村民乘木船到吕宋岛一带打鱼，后辗转泰国谋生，又流落到印尼巴眼亚比岛生活。目前巴眼亚比岛有 2 万多人都是下后滨人的后代，很多人都讲同安话，逢年过节还保留着古同安烧王船的习俗。这段写在《同安县志·大事记》的史料，可以从一封侨批找到相关证据。

翔安区新店下后滨的洪允举老人精心收藏一封父亲洪志双在 1927 年之前寄回家乡的侨批，信封上写着"由岜眼洪志双记（寄）至浏江厚平社"。洪允举说，在 1910 年至 1927 年的 10 年时间里，他的父亲到印尼巴眼亚比岛讨海谋生。"厚平社"就是下后滨的旧称，历史上属于泉州府同安县管辖，如今隶属于厦门市翔安区新店镇。100 多年前，有一支移民船队从下后滨出发，经过漫长而艰险的漂泊，到达马来西亚和印尼，开发当地的渔港。当时印尼巴眼亚比岛出海口淤泥堆积、无人居住，但油产丰富，下后滨人到了那里之后继续从事熟悉的讨海生计。此后，下后滨的渔民源源不断涌向巴眼亚比岛。据洪允举介绍，1910 年前后，大约有一两千人去苏门答腊，他的父亲就是和这一批人一同前去的。因为洪姓多，当地人都称此港为"洪岜眼"。洪允举的侨批证明了到印尼巴眼亚比岛开埠的就是下后滨人。

留守的番客婶

20 世纪 30 年代初，社会学家陈达在闽粤侨乡开展社会调查表明："华侨于结婚后往往单身南行，新娘留守家中。若携眷同行，往往遭翁姑的反对，以为此种举动可以减少寄款回家，或回家省亲的机会。"

晋江籍侨眷林居真在其自传《五十一年之心声》中写下了自己的坎坷人生。18 岁那年，她嫁给了一位旅菲乡侨杨邦针，婚后半年两人生离，丈夫再度旅菲。由于太平洋战争爆发，丈夫有家难返。抗战胜利后，正当她盼着与亲人团聚，丈夫却意外罹难，这时，她的儿子还不满四周岁。她写道："我结婚后仅六个月在坦荡之中过日子，其后历尽坎坷，内心的伤痕是重重的。"

有大量的学术研究考察中国和东南亚之间的华人移民的社会经济和政治状况，这个主题通常是从男性的角度进行研究的，然而，"留守中国"

的现象却很少被提及，这些妻子如何看待她们的丈夫出国？她们如何应对没有丈夫的生活？她们与丈夫的家人关系如何？她们如何处理从丈夫那里得到的汇款？当她们得知丈夫可能已在东南亚再婚时，她们是如何反应的？带着这些问题，厦门大学国际关系学院／南洋研究院副教授沈惠芬曾在2004年到泉州对18位跨国家庭留守妻子（即番客婶）进行口述历史访谈，结合档案、报刊、文史资料等资料，她探讨了国际移民和社会性别研究视野下被忽略的番客婶课题。

用沈惠芬的话来说，对这些妇女的访谈不但充实、佐证、丰富了研究资料，而且解决了她研读纸质资料时产生的困惑和遇到的问题，同时也打破了过去的刻板印象——认为华侨都是有钱的，侨眷依靠侨汇生活。实际上，侨汇主要是一种补贴，只有少部分人完全依靠侨汇生活。"这些妇女中，有丈夫定期寄侨汇的，不定期寄侨汇、寄一段时间侨汇之后失去联系，或出洋后无音无信的。既有丈夫回乡探亲一次或一次以上的，也有丈夫离家之后再无见面的。既有丈夫在外组织另一个家庭而放弃国内家庭的，有丈夫组织家庭后把海外出生的孩子送回泉州给番客婶养育，也有年老得病、空手回乡依靠番客婶生活、服侍的。"据沈惠芬介绍，当时，这些番客婶大多已进入老迈之年，最年轻的是75岁，最老的是100岁。最终这些访谈有力地协助她完成博士论文，即后来出版的 *China's Left-Behind Wives: Families of Migrants from Fujian to Southeast Asia, 1930s-1950s*（《中国留守妻子：1930年代—1950年代福建籍东南亚华人移民家庭》），也让我们得以一窥番客婶所经历的喜悦、痛苦和挫折。

早期往南洋者的家庭分工模式遵循中国传统社会中"男主外女主内"的模式，因此，下南洋的男性，如已成婚，则将妻子留在家里侍奉公婆、养育子女、维持家业；若未婚的男子赴南洋，他们希望在几

1935 年，移民新加坡的中国妇女到达码图，正在下轮船

年后积累了一些财富回乡娶妻，同样，新婚的妻子一般留在家中，而他们则再度踏上南洋之路。许多家庭父子两代都下南洋谋生，留下"守活寡"的婆媳撑持家业。"虽然大部分番客婶遵守着'嫁鸡随鸡、嫁狗随狗'的婚姻价值观，守着跨国婚姻，然而一些番客婶却因为各种原因提出离婚。"沈惠芬考察上千份泉州地方报纸上刊登的结束婚姻关系或家庭关系的启事后发现：如果丈夫的侨批一段时间，比如两三年或者长期不来，妻子可以提出离婚，或者登报脱离婚姻关系或结束家庭关系，"这是为侨乡社会所接受的。因为不寄侨批被视为对家庭的不负责任和对妻子的抛弃。这样，婚姻和家庭就面临着破裂的可能。因此，华侨经常性的侨批对维持婚姻和家庭起着极其重要的作用。此外，海外丈夫的重婚或死亡、公公婆婆或者叔伯兄嫂等对她们的虐待及对番客婶名誉的不实指责也是她们脱离婚姻关系的重要原因。"

沈惠芬发现，番客婶了解自己丈夫的情况的主要方式是通过侨批与口讯。如果没有按时收到侨批，妻子会担心丈夫在海外发生不测或建立另一个家。事实上，由于路途遥远，交通不便，难以归家，一些人在南洋重新娶妻生子，此举常常伤害留守妻子的心，尽管许多番客婶无可奈何地接受，但这也是造成她们一生郁郁寡欢的主要原因。

不知何时，番客婶青丝扎成的小辫变成了散乱的白发，如泣如诉的南曲从深闺传出，满含幽怨愁苦之声……但她们对跨国家庭的维持与发展做出的重要而不容忽视的贡献，铭记在其家人的心中。

厦门，闽南侨批的重要据点

文 / 刘舒萍

早年，厦门海后路聚集许多银行、商铺、洋行、信局（图 / 刘舒萍）

　　从 19 世纪 40 年代开始，伴随着下南洋之人所需，为华侨携带信件钱物的"水客"从厦门出发或在厦门上岸，由"水客"发展而成的侨批业，成为厦门重要的金融服务业，在厦门早期的社会经济发展中发挥了不小的作用。从水客携带现银回国、外资银行垄断控制、华人资本银行介入争夺、中国银行等民族资本银行的参与……所有这一切，见证厦门成为福建华侨出入境的主要门户和侨批集散中心。

寻找侨批的踪迹，一定不可错过海后路。海后路位于鹭江道至开元路之间，早年是英国租地"海后滩"的主要地段，路由此立名并沿用到现在。早年，海后路聚集许多银行、商铺、洋行、信局，是厦门对外交往的一个窗口。

厦门在历史上是闽南人下南洋的重要一站，人们在这里离别，有的人多年后重返厦门码头，荣归故里，有的直到最后也没有买到回国的船票。有一封侨批，只写着一个大大的"难"字。这"难"字，让人惊心动魄、让人心痛刺骨、让人泪眼婆娑，我们可以想象，在那个时代，生活是如何的艰难。隐忍和坚韧，至今流淌在闽南人的血液里。

全省85%侨汇由厦门结汇或转汇

早在16世纪中叶，就有人从厦门乘帆船远渡重洋至吕宋、实叻、噶喇吧等地经商贸易。他们从厦门带去土特产和手工业制品前往东南亚出售，又从东南亚贩运当地土特产回厦门。他们当中有些人因买卖需要，久居不返，在当地繁衍生息，从而产生了早期的厦门籍华侨。1842年鸦片战争之后，清政府被迫"五口通商"，厦门作为通往东南亚的主要商埠码头以及福建华侨出入境主要口岸的地位进一步确立。

松浦章在《清代福建的海船业》一文中记："厦门准内地之船往南洋贸易，其地为噶喇吧、三宝垄、暹罗、吕宋诸国，《华夷变态》有载'中国船一年内有二十支左右航至当地，其中福建海船又过半数。乘这些海船渡往咬留吧的中国人达数万之多'。"可见，厦门与南洋各地商贸往来密切。

大多数人下南洋的目的是谋生，期望发家致富，有朝一日能衣锦还乡，因此，华侨始终通过书信与家乡保持密切的经济、社会和情感联系，在银行、邮政局等尚未设立时，代送侨批信款先由"水客"或者"客头"办理，进而由"批郊"代理，从而开启了侨批业的源头。

侨批从东南亚进入厦门口岸后，由厦门信局分送至闽南各侨乡，再由当地的信差将侨批钱款和家书一并登门送达侨眷家中，并取回回批，

近代，"下南洋"移民浪潮

1890—1920 年间的厦门海关口，码头上停靠许多船舶（图 / 洪卜仁 ）

集中后寄返海外。1882 年，厦门设有批信局 23 家，以后逐年增加，至 1937 年得到邮政总局发给许可证者即达 114 家。在这一发展过程中，逐渐形成了以厦门为中心的侨批网络。据统计，抗战以前，福建全省侨汇的 85% 是由厦门结汇或转汇。

庞大的侨汇业务需求，吸引许多外资银行、洋行纷纷介入。厦门开埠不久，英资的汇丰银行、渣打银行，荷资的安达银行，日资的台湾银行，美资的美丰银行等就在此设立分行和代理处，联合洋行以及外轮公司，垄断侨汇及海运贸易，大获利润。20 世纪早期，随着资本积累逐渐雄厚，海外华侨开始更多地参与到家乡的经济建设和贸易投资上来，涌现了不少侨办钱庄，如印尼华侨黄奕住的黄日兴银庄及其长子黄钦书的鼎昌钱庄、

金铺兼营信局业务，这是海外信局肇始的形式之一（图/陈亚元提供）

1927 年，菲律宾华侨李清泉在厦门创设中兴银行分行

菲律宾华侨叶清池的捷记钱庄、菲律宾华侨黄秀烺的炳记钱庄、菲律宾华侨李清泉的李民兴钱庄、印尼华侨廖悦发的豫丰钱庄等。民国时期，在厦门共有4家完全由海外华人资本建立的银行，分别是中南银行、华侨银行、中兴银行、厦门商业银行，其主要业务之一是承接侨批资金从海外汇入中国。

侨批业的发展经历了水客递送、批局经营、归口银行三个阶段。一般说来，在1935年之前，海外的侨批几乎全为民信局所经营。不过，国外民信局所收汇款大都整批购买银行的汇票，通过国际银行或者华侨银行在国内各地的分行支付国内的民信局，然后分发给侨眷。1928年，中国银行成为政府特许的国际汇兑银行，之后，在国外建立通汇代理银行，开设分行，在闽粤两地设立支行；1936年，中国银行厦门分行行长黄伯权筹设新加坡分行。当年，厦门侨汇约为5835万元，通过该行经纪的达2341万，约占厦门侨汇总数的40.12%。

1938年厦门岛沦陷前后，侨批局大多向鼓浪屿和泉州转移，其中厦门规模较大的几家侨批局都将总局迁到了泉州，因此，厦门沦陷后，鼓浪屿和泉州成为战时闽南侨批中心。中国银行泉州支行经理张公量在《关于闽南侨汇》一书中估计了1938年至1941年泉州侨汇数额，并指出其一部分由南洋直接汇入，一部分经香港、鼓浪屿或上海转汇至泉州。不过据中国银行福建省分行原行长陈石考证，直至1973年，泉州收汇业务量才第一次超过厦门。这一年，福建省中国银行全省经收侨汇585417笔，折合4837.9万美元。其中福州收汇1137.5万美元，占23.53%；厦门1795万美元，占37.10%；泉州1904万美元，占39.37%。

让乡愁有地可栖

喜鹊叫，番银到！据陈石观察，侨汇旺季通常都是一些民间节庆，以农历二月清明节、五月端午节、七月中元节、八月中秋节、十一月冬至节以及十二月年关为多，其中特别以五月、七月十二月最旺，"每逢侨汇旺季，厦门中行经常要抽调各部门员工加班帮忙，场面十分热闹。在那个物资匮乏的年代里，侨汇业务像一条维系海外华侨与侨眷血脉亲情的纽带，为许多家庭改善生活提供了帮助。"

据陈石介绍，1975 年 1 月起，厦门地区侨汇业务一律由厦门中国银行接办，在该行附设"海外汇款服务处"，专门办理海外同业委托解付的华侨汇款，在很长一段时间内，厦门中国银行在厦门岛外设有集美、杏林、同安等侨汇派送机构，并长期保持一支侨汇派送员队伍。派送员以自行车为交通工具，挎包里装着侨批、现金和侨汇物资供应券，他们自带干粮，穿山越岭，走街串巷，不畏风雨，把侨汇及时送到侨眷手里，并带回侨眷签字附言的"回单"。有一段时间，由于某些国家禁汇的关系，侨眷在"回单"上的简单附言只能用暗语表示，例如把收到侨汇说成是"补丸"，并以多少"粒"来描述侨汇数量。

塘边社白楼里的屏风画"教五子图"（图 / 林剑影）

据厦门海关《十年（1922—1931年）报告》材料显示，当时出国的华侨年龄大多数在20岁～30岁之间。由于男人到海外谋生，他们的妻子则留在家里，以致许多乡村的妇女人数大大超过男人。华侨远居海外，经济条件好的，一两年回来团聚一次，经济条件差的，八年十年甚至二三十年也难得归来见一面。

对于这一点，卢志明深有感触。儿时，每次从厦门岛内回同安，奶奶总是笑着告诉他："你阿公寄番批回来了""你阿公中秋要回来""你阿公过年要回来"……只是，卢志明从未等到爷爷。对爷爷的了解，全靠只言片语拼凑，只知道他20多岁离开同安古庄村，远赴马来西亚打拼，早年还有回来，后来就只剩番批。奶奶克勤克俭，用爷爷赚来的血汗钱，在同安投资店面，故而，家里经济状况还不错。据卢志明回忆，20世纪六七十年代，家里还可以吃到椰油、通心粉，有一次父亲甚至分到一块手表，他自己也能收到些礼物，如番仔饼、牛奶糖、八音钟，让左邻右舍的小孩很是羡慕。

长大后，卢志明参加工作，成为厦门日报社的一名记者，他才知道侨批是文献，是珍贵的史料，只是他再也没有机会见爷爷一面——有一天他回家，发现奶奶在哭，原来爷爷已客死异乡。多年以后，卢志明的堂弟专程到马来西亚寻觅爷爷墓地，所幸，皇天不负苦心人，在遍寻不到、停下歇脚之际，看到了写有爷爷名字的墓碑，终于找到梦断南洋的爷爷，"今年清明，堂弟又去给祖父扫墓了。"卢志明说他眼前又浮现出奶奶的身影，想起那段由一封封漂洋过海的侨批维系亲情的岁月。

在卢志明的引荐下，笔者在湖里塘边社遇见了华侨"亦爱我庐"的深情。湖里塘边社257号，有一栋两层式的小洋楼，一块雕刻着"亦爱我庐"的匾额悬挂在大门的正上方，让人一眼就可以感受到主人家想要传达的意思。小洋楼建于清朝宣统年间，落成于民国元年，如今已显残破。楼主叫林德栽，因家贫下南洋，后积攒了许多钱财。过去，闽南侨乡流行着一句老话："买田、起厝、讨亲、造坟"，这是因为华侨有一条生活经验：南洋钱非常靠不住，是风险钱，只有把钱汇回来才算稳定。

树高千尺根还在，人走天涯故乡心，情切归来起大厝。小洋楼落成之际，林德栽特意聘请了一位老画师到家中作画，留下一块长约4米，高约3米的屏风画。画面中一名夫子坐在案前正在指导着五个孩子如何学习知识，案下的五个孩子各自拿着一本书，仔细一看，其中一名孩子手中拿的是一封书信。经卢志明仔细辨认，这封家书是这样写的："父在外寄子：尔父在家无生活计不得已远游外乡以求财力，因命运不戾无积蓄，空爱束手。然无奈，暂留所望，望妻儿在家为人规矩，节俭治家，儿顺尔母，则父无内顾之忧。在外经营，稍得如意，当速回归，儿不需介意。"侨批走出信封，变成家风，让乡愁有地可栖。

绿叶对根的情意

风干的墨迹，泛黄的纸张，九旬老人林清明精心收藏了许多封堂叔林诚致的信件，信的内容多是关心厦门、安溪等地文教、公益事业资金筹集事宜，饱含一片桑梓情。林诚致曾任福建旅港同乡会理事长，是一位爱国爱港爱乡的知名人士。他曾就读于集美农林学校及商校，1936年前往印尼谋生，后移居新加坡，与长兄林树彦一起经营侨通行。林诚致1940年移居香港经营侨通行业务。

侨通行曾经是南洋最大的侨批汇业局，1945年太平洋战争结束后至20世纪50年代的最初几年，是侨通行业务的全盛时期，也是林树彦个人的声誉、地位与财产的黄金时代。当时，侨通分行遍设各地，举凡香港、上海、福州、泉州、古田、厦门、巴城（即今雅加达）、巨港、泗水、沙捞越、怡保、吉隆坡、马六甲、槟城等处都有分行（约25间），其中侨通行厦门分行开设在厦门鹭江道九二号，为国家争取大量外汇，支援国家建设。

香港侨通行位于中环繁华地段，便于爱国民主人士、左派领袖、文化界名人等来往联络，传递信息。洪丝丝、方方、庄希泉、庄明理、庄炎林、

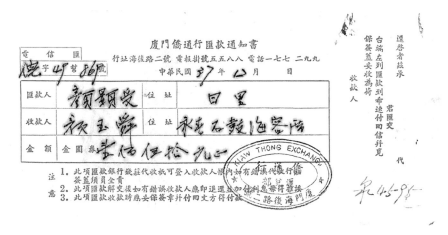

1948 年 12 月《厦门侨通行汇款通知书》

张殊明、张兆汉等老侨领，曾在那里"歇过脚"。此外，林诚致还为这些民主人士提供活动经费。李尚大到港后，也到侨通行办理过业务。新加坡沦陷后，陈嘉庚被迫逃往印尼避难，集美学校经费困难。此时，林诚致在香港鼎力协助陈嘉庚二儿子陈厥祥筹措学校经费。从 1947 年开始的半个世纪，林诚致是香港多个社团的创办人，积极团结闽籍同行和集美校友。

20 世纪 50 年代初，为解决香港福建籍子弟就学问题，林诚致积极参与创办香港福建中学。为了解决经费问题，他四处奔走，请各商家捐出闲置物资，进行义卖。他对教工们说："你们只管教好书，如发不出工资我把西装当去也要发！"他把自己经营侨通行所赚的几十万元钱都贴上了。

"堂叔来厦门，一般都由我或陈纹藻老师代订普通招待所。如果婶婶没有随行，就由我陪住，照顾他起居。"林清明回忆说，堂叔林诚致在厦门曾经有一栋两层楼房，位于厦门海后路与中山路交界处的黄金地段。起初，林诚致想在香港邀请有经济实力的财团、实业界朋友来这里修建大型的综合商场和酒店，为厦门特区建设服务。"当时，厦门市商业局也看中此地段，委托张其华出面与林诚致洽谈。为支援厦门特区建设，他二话没说，满口答应同意调换。此后，厦门市中山路口新增了华联商业大厦及东海酒店。"

改革开放后，许多海外华人掀起了回国寻根、寻亲、投资的热潮。此刻，寻根寻亲的意义早已超越了"找到一个亲人、一个姓氏、一个地名"，而是一份对中华传统文化的认同，对血脉再相连的共鸣。

盼厦门能有座侨批博物馆

厦门是福建华侨出入境的主要门户，也因此聚集了一批侨批收藏家。为了寻找保存品相良好、具有不同邮戳的侨批，陈亚元在过去的30多年里常常在天亮前就前往东渡、万寿，甚至漳州、泉州的古玩市场寻宝。有时为了一封侨批，他甚至不惜花费巨资。陈亚元目前担任福建省收藏家协会厦门分会副会长，他从1990年开始收藏侨批，厦门作为省内侨批转运的中转站，为陈亚元的侨批收藏提供了便利。然而，在最初的收藏阶段，陈亚元对这个特殊的历史产物并不十分熟悉，他的收藏标准主要是有盖戳和品相良好。因此，他经常付出巨大的代价，整批收藏家族寄来的邮件，无论是哪个信局盖章的，他都毫不犹豫地收入囊中，往往花费上万元。其中，一封菲律宾侨领李清泉寄给外祖母的家信，是陈亚元最珍贵的藏品之一。陈亚元表示，他期望厦门能够有一座侨批博物馆来展示这些珍贵的侨批。

近几年来，厦门市、区两级侨联主动牵头或积极协助做好侨批收集整理、出版书籍、出台政策等相关工作，通过举办侨批研讨会、建设侨批广场、在华侨银行厦门分行打造厦门首个"侨批展厅"等，致力于侨批的挖掘、研究、活化利用和宣传推广。推动厦门歌仔戏《侨批》成功获评中宣部精神文明建设"五个一工程"项目，思明区、同安区侨联编辑出版《厦门侨批》《按章索局》《同安侨批》等书籍，不断扩大侨批文化影响力。

侨批文化广场，位于中山路繁华地段，以华侨银行为背景，广场中心地面上是一幅直径16米、由雕刻石板拼贴成的圆形地图，地图上是

侨批文化雕像，再现书写侨批的场景（图／刘璐）

厦门侨批及其网络分布城市，周边刻有中山路曾经存在的 105 家侨批局和地址。侨批文化广场的旁边就是侨批展厅。走进侨批展厅，侨批、汇票、信筒、批篮、批袋……在不足 30 平方米的展厅里，设有文史档案区、文物实物区、多媒体区和文创互动区，已展出 7 期共 250 件侨批实物原件和 200 多件侨批电子资料，实物展品有迄今福建省发现最早的 1861 年的侨批和最早的盖有水客印章的 1884 年侨批，有最迟的 1988 年的侨批，有迄今收到的侨批款额最高的 4 亿元法币的侨批等，吸引了众多市民游客前往。

　　厦门侨批在侨批历史的画卷中是不可或缺的一笔，然而令人遗憾的是，过往我们并未拥有一处能够匹配其历史深度的公共文化空间。然而，时光流转，今朝的曙光照亮了希望：大同路即将迎来一间新的侨批馆，即将以一种全新的方式保存我们的城市记忆。这是一个新的起点，我们期待在此基础上继续书写厦门侨批的历史篇章。

陈嘉庚倾资兴学、支持祖国和家乡各项事业建设的事迹不必赘述，但你知道吗？陈嘉庚曾在厦门开办集通行，经营南洋与厦门之间的汇兑业务，后来他又倡办集友银行，收解侨汇，开创了"以行养校，以行助乡"的先河。

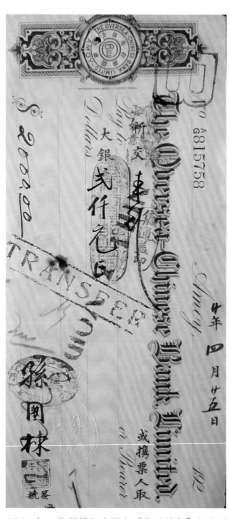

1931 年，华侨银行支票上"集通盖印"红章清晰可辨（图／陈亚元提供）

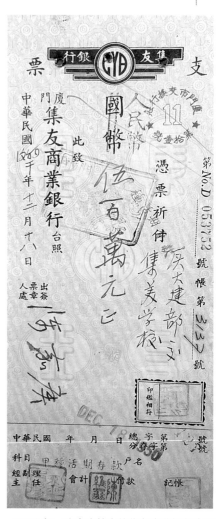

1950 年，陈嘉庚签字的集友商业银行支票（图／陈为民提供）

从集通行到集友银行

陈嘉庚创办的侨批业蕴藏着拳拳爱国心

文 / 刘舒萍

　　漫步厦门，陈嘉庚的足迹处处可见，他的名字出现在厦门的学校、建筑、街道、公园中，也铭刻在乡亲、侨胞和一代代学子的心中。出生在泉州府同安县集美大社（今厦门市集美区）的陈嘉庚，从厦门这座城市走向世界，让世界更加了解厦门。集美大社的老人讲起陈嘉庚，更是连连称赞。据悉，早期大社人下南洋，首选新加坡，因为到了新加坡根本就不用费心工作的事情，找陈嘉庚就行，陈嘉庚会根据每个人的特长，给他们安排工作。至于侨汇，也是自有专门渠道汇到故乡，免除后顾之忧。

陈嘉庚每月审阅集通行账务

　　阳光静静地倾洒在大社路，这是集美最长且最老的一条青石板路，至今仍保留着几十年前的风貌。走在其间，总感觉陈嘉庚先生并没有远去。这位喜欢一手拄着拐杖的慈祥老人，仿佛就站立在你的身旁，你依稀可以听到他一口浓重的闽南话，以及那稳健而有点急促的脚步声。

　　大社路虽小，却热闹。对于初来乍到的旅行者，这是一条让你一见就觉得亲切的老街，逛过一家家小店小摊，卤面、手工做的麻糍、大肠血、海蛎煎等小吃摊位"不定期"开业，要寻一味大社小食，有时还要看运气。大社的心脏所在——陈氏大宗祠，就是被这样惬意本分的生活所包围。

　　走进陈氏大宗祠，映入眼帘的是，红瓦白墙，龙脊凤檐，梁柱雕饰精美，厅堂上悬挂两块错彩镂金的匾额，其中一方题"华侨旗帜、民族光辉"，这是毛泽东同志对嘉庚先生的历史性评价。这块牌匾似乎

集美大祠堂

也铭刻下了 1919 年 7 月 13 日下午发生在这里的一场集会。

"鄙人久客南洋，志怀祖国，希图报效，已非一日，不揣冒昧拟倡办大学校并附设高等师范于厦门。行装甫卸，躬亲偏勘各处地点，以演武场为最适宜……" 1919 年 6 月，陈嘉庚从新加坡回到集美，一卸下行装就四处勘地准备筹办厦门大学。他认为在家乡闽南创办一所大学非常必要。不久后，他在报上刊登《筹办福建厦门大学附设高等师范学校通告》，预告 7 月 13 日将邀集各界人士在厦门浮屿陈氏宗祠开特别大会，说明筹备厦门大学的动机和经过。一个海外赤子的拳拳之心，跃然纸上。

7 月 13 日下午三时，伴随着陈氏宗祠响亮的锣声，各界人士在陈嘉庚的感召下，来到了原本只有陈氏族人聚集的宗祠内。在列祖列宗的牌位前，在这个自己最早播撒兴学种子的地方，陈嘉庚用闽南话开始了他那载入史册的倡办厦大演讲，他说："财自我辛苦得来，亦当

1950 年，陈嘉庚（左）与李光前（中）和陈六使合影（图 / 陈嘉庚纪念馆）

由我慷慨捐出，认捐十分之二三或十分之三四，则亦无损于富"，陈嘉庚当场认捐厦门大学筹办费 100 万元，300 万元作为经常费用，分作 12 年支出，每年 25 万元。

陈嘉庚总捐资为 400 万元洋银，这是一笔巨款，怎么从新加坡汇回国内呢？在郑贞文撰写的《厦门大学筹办的回忆》一文中，笔者找到了答案。1920 年 10 月，陈嘉庚到上海召开厦门大学第一届董事会时，邀请郑贞文任教务长，负责厦门大学的筹备工作。在文中，郑贞文提到集通行系陈嘉庚在厦门开设的私人汇兑庄，经营南洋和厦门的汇款，并发行一种票据。这票据没有一定形式，也不印金额，只由集通行经理大笔一挥、盖上图章，写多少就当多少的货币使用，在厦门流通。据悉，当时厦门大学发薪水的惯例是由学校会计处打支票，教职员凭借支票到集通行领取现款。

厦门大学规划图（1950 年）

福建集美學校校董陳嘉庚籌辦廈門大學校附設高等師範演說詞

察非遠籌辦大學高師。實無救濟之良法。歐美師範中學。當初建築。期於三年間完竣。足容學生千餘名。年費十餘萬元。不意匯水奇跌。教師屢更。地方不靖。遂教目的難達。深為抱歉。現仍繼續進行。務期此三年內達到目的。預算未完部分。尚須建築費三十餘萬元。三年間經常費二十餘萬元。合計五六十萬元。竊自經營之始。已有劃養善後。在新嘉坡經儲有相當基金。俾得持之永久。今先以本日開會問題。欲與諸君研究者分述之。

（一）師資。教育之重要也。養者執政諸公。對於普及教育之主持。類日強迫。揆諸文明國之趨勢。所言未實而論。試就本省觀之。據民國二年統計。人口約有二千五百萬。男子得半。一千二百五十萬。果行強迫教育。以期普及。在學生徒應得一百二十五萬人。所需教師約五六萬人。核計十年間。年須有師範畢業生五六千名。每縣平均常得八九十人。惟師範生畢業之後。難保無改途他

陳嘉庚先生創辦廈門大學演說詞

集通行每月账务须寄到新加坡交陈嘉庚审阅，有一次，"见集通来信，云捐建亭款二百四十元，始悉……'介眉亭'，系为弟而建，闻之殊深诧异，无论兴工与否，弟决不接受……"这是 1924 年 3 月 28 日，陈嘉庚写给集美学校校长叶渊的一封信函。1923 年是集美学校成立十周年，也是陈嘉庚五十寿辰。为纪念他的兴学功绩，叶渊校长发动集美师生捐款，拟建造一座"介眉亭"，当时，集通行也认捐了 200 多元，并写信告知陈嘉庚。陈嘉庚得悉后先后给校长写了两封信，谢绝建亭祝寿并严肃批评校长。

"客月 29 日，再汇中国银行厦银 6 千元，交集通收，不知已收到否？因朝内君来书，告仍旧以集通名义与中国银行来往，宜汇交集通更为简便……"这是 1937 年 11 月 1 日，陈嘉庚写给陈村牧信函中的一段话，由此可知，集通在中国银行开设户名，便于汇款。曾任上海集友银行经理的邱方坤亦分享这样一件轶事：记得有一次，为了存款利息问题，引起了一番小小的麻烦。原因是陈嘉庚有一笔存款用"集通"户名，"'集通'早年设在厦门，是专为'陈嘉庚公司'调拨厦大和集美两校经费的财务机构。厦门人大都知道'集通'和陈老先生的关系。由于人民银行规定：商号的存款利息低于储蓄存款利息，因此银行的职员照章办事，将'集通'存款作为商号计息。陈老对此表示异议。"后经向人民银行说明情况，问题乃得解决。

厦门侨批收藏家陈亚元珍藏着一张 1931 年 4 月 25 厦门华侨银行支票，支票上"集通盖印"红章清晰可辨，这张支票是由孙国栋签发，盖章汇大银贰仟元。这张支票当时做何用，尚不得知，却可佐证集通与华侨银行往来密切。"兹谨遵命将前各方热心侨胞汇存赈款计叻银 5801.38 元，扫数由华侨银行汇上，附呈该银行汇票列 6-663 号一纸，内国币 14020.92 元，至希查收……"这是 1938 年 12 月 21 日陈嘉庚给鼓浪屿国际救济会复函的一段话。从中可知，陈嘉庚对华侨银行极为信任。事实上，这时的华侨银行董事会主席正是陈嘉庚的女婿李光前。抗日战争爆发后，民办信局倒闭风险增大，华侨银行日益成为厦门侨批业中代收外埠票款、承转侨汇的重要机构。现今大量相关票据的留存也反映了当时华侨银行侨汇业务的鼎盛状况。

以行养校，以行助乡

"永定侄：本院捐款计24万元，现未收者约8万元，究竟能否齐收至为可虑。我初按建舍费12万左右元，后来扩大又全座石加工，照你六月付我之预算至19万元，出我意料之外。如各认捐之款可齐收无妨，如不能者我既当垫出设备费，又当负责月费计如下……"这是1957年8月14日陈嘉庚写给陈永定的一封信的开头。

陈永定是陈嘉庚的族亲，两人以叔侄相称，陈嘉庚曾经给陈永定写过几百封信件，封封开头都是"永定侄"。在陈嘉庚1950年正式回集美定居前，陈永定曾与他的"嘉庚伯"见过4次面；到了1950年后，受陈嘉庚之托，先是担任厦门大学建筑部主任，后又跟着陈嘉庚一起实施倡办华侨博物院，陈永定前后跟随陈嘉庚11年，直到陈嘉庚去世。而早前，陈永定的父亲陈水萍跟随陈嘉庚长达50多年，主要负责管钱。

笔者曾采访过陈永定，问过其这样一个问题：参与集美学校和厦门大学的重建和扩建任务时，钱是怎么汇过来？据陈永定介绍，陈嘉庚的女婿李光前和族弟陈六使在泰国都有橡胶园，于是，陈嘉庚鼓励二人把橡胶卖到美国，这样就可以拿美金当外汇，同新加坡不允许汇钱回中国相比，美国外汇管得比较宽松，只需交20%的税，其他行为，美国也不管。所以，当时亲友的款项就是利用这个渠道，先从泰国把橡胶出口到美国，卖完再把钱汇到香港的集友银行。

集友银行是基于"以行养校"的初衷而成立的。1941年12月，太平洋战争爆发，日寇南侵新加坡。新加坡沦陷前夕，陈嘉庚向其亲友筹集资金855万，通过中国银行汇入国内交闽南救济会，作为集美学校经费。然而，因战乱原因，这笔款项被国民政府故意拖延一年多，直至 1943 年末方才全额拨付到账，这时币值已一落千丈了。如何实现资本保值、增值，为集美学校长期发展提供稳定、长期的资金来源，成为陈嘉庚及其事业襄助者亟待解决的一个问题，为此，陈嘉庚决意创办银行。

陈嘉庚在《南侨回忆录》中记述道："可在本省或厦门，开一福建兴业银行，然后由此银行发起招股，创办轮船公司、保险公司……及其他有关民生事业，不但帮助国家发展实业，而且使南洋闽侨方有投资祖国之机会。"1943 年，集友银行在福建永安开业，陈嘉庚就任董事长，其次子陈厥祥担任常务董事兼总经理，开创了"以行养校，以行助乡"的先河。此后，集美银行陆续在福建、广东等侨区分设机构，收解侨汇。

抗战胜利后，集友银行搬往厦门，行址设于海后路 27 号，1950 年，又在上海设立分行。根据该行章程规定：股东所得股息和红利全部捐作集美学校经费，陈嘉庚盼望集友银行经营顺利，为他筹集办学经费助一臂之力。与此同时，为谋求稳定发展，1947 年，集友银行（厦门总行）股东另集资在香港设立集友银行，厦门总行以"友记"户名入股，以银行盈利持续支持集美学校教育事业。

"1947 年，由于国内通货膨胀严重，业务难以开展，陈嘉庚遂集资开设'香港集友银行'，首任董事长陈六使，总经理陈厥祥，总行拨国币 7 万元参股，港行与总行只是联行，没有隶属关系。"香港集友银行厦门分行华侨金融部副总经理陈为民解释道。听说陈为民在集友银行工作，经常有老厦门人会问他："你们是不是在轮渡？"对此，陈为民表示，集友银行历史上原来有两个牌照，现在的集友是香港集友 1985 年才从香港回来厦门开设分行，原来轮渡的厦门集友总行已经消失在历史长河里了——1972 年并入中国人民银行。

1985 年，香港集友银行作为改革开放后第一批获准成立的外资银行，从香港回到发源地厦门设立代表处，后成立厦门分行。在未入行前，陈为民耳闻过当年代表处设在华新路华侨新村一栋别墅，但具体哪一幢，

早在 1989 年，集友银行就捐资设立了"厦门市集友陈嘉庚教育基金会"（图 / 陈嘉庚纪念馆）

1984 年 5 月，香港集友银行厦门代表处开业照（图 / 陈为民提供）

门牌号多少，不能确定。经过多番考证、前辈描述位置、洪卜仁藏书室的历史文献，最终确定就在华新路 35 号！

"集友银行的很多客户都是华侨。"陈为民在集友银行工作 32 年，生活中，他与华侨缘分颇深，他的曾祖父曾到新加坡打拼，他的岳母是印尼归侨，读的是集美侨校，他从小住在溪岸路附近，左邻右舍多为华侨，每次华侨归来，第一站一定要去集美，走访下陈嘉庚故里。耳濡目染，长大以后的陈为民，经常利用工余时间认真学习侨史与嘉庚文化，亦收集、收藏有关集友银行的史料，如支票、老照片等，其中有这样一张关于海后路 27 号的老照片。从老照片可以看到，建筑顶部有一对狮子，狮子的中间是一个圆形的标徽。原来这幢老建筑原本是中国通商银行厦门分行旧址，该行是中国人以本土资本自办的第一家银行，也是中国第一家发行纸币的银行，中国通商银行关闭后，后来，这里成为集友银行厦门总行的旧址，现为工商银行个贷中心。随着时代的变迁，中间的标徽也几度更换，最后变成了一颗红色五角星。

集友银行生于福建，长于香港，2023 年 5 月 25 日，集友银行"金融之上，集友同行"公益慈善捐赠仪式暨集友银行 80 周年庆典活动筹备启动仪式在香港举行。据了解，香港集友银行致力于打造嘉庚公益品牌，分别于 2018 年、2019 年在香港发起筹备成立"集友陈嘉庚教育基金"和"陈嘉庚基金联谊会"两家慈善基金组织，以华侨华人为纽带，建立慈善"朋友圈"，扩大公益"服务圈"，凝聚侨心、汇聚侨力。

在侨批中感受家国情怀

在厦门大学附近，有一座被参天古榕簇拥、用洁白花岗石砌成的宫殿式大楼，那重檐屋顶的绿色琉璃，那神采飞扬的翘檐，在蓝天白云绿地的衬托下，庄严肃穆中又带着几分神秘，古典与现代在这里完美相融，这里就是陈嘉庚于 1956 年倡导创办的华侨博物院，是中国第一座由华侨集资兴建的、以华侨华人历史文化为主题的综合性博物馆，在世界上也是第一家。

陈嘉庚于83岁高龄时倡办的华侨博物院，是他光辉一生的一抹绚丽的晚霞。陈嘉庚不仅为华侨博物院作长远的宏伟规划，对院址的选定、主楼的总体设计、施工的指导、陈列橱的款式到陈列品的征集、购买、内容编排等等，也均一一亲躬其事。陈嘉庚写给陈永定的书信中就记录了他奔波的历程和征集选购的情况，信中说："今年各省多已重视博物馆，如古代墓中之物，素时贩店以北京、天津、上海三处为市场，今日天津上海均空空如也，独北京尚些有，……我鉴于此种情况，今日如不下手，加几月北京亦空了"，"至历代古物识者甚少，我更一无所知，所靠者自解放后，所有各物均为政府鉴定价值……该物是汉唐或是宋明，从何处来出土，均贴明保证，故信心不患被欺诈，选择十余次经月余，尽彼外地搜罗……似乎一扫而空，现尚存多少，系我选遗者"。足见陈嘉庚目光之敏锐。

如今，华侨博物院收集到诸多海外华侨华人捐赠的重要文物，并且在海内外华侨华人的共同帮助下，整理了诸多与华侨文化相关的文献资料。每次来华侨博物院，笔者总有不同的收获，这一次，在基本陈列《华侨华人》展的"家书万金"侨批墙前驻足凝视、久久徘徊。虽然那段历史已经相当久远，但侨批代表的亲情、乡情和爱国情，令每一个参观者都满怀敬意。2021年3月，华侨博物院与泉州市博物馆联合举办《家国情怀·海丝记忆——侨批历史文化展》，精选200余件侨批，以家书为主，从下南洋与侨批业、海丝沿线国家侨批、侨批与货币金融、侨批与海上金融、侨批中的家国情怀五部分展开介绍，使观众了解侨批文化，感受华侨家国情怀。

据悉，华侨博物院现有侨批主要为民国时期纸质文物。侨批为纸质文物，收藏保管要求比较高。据华侨博物院研究部主任林翠茹介绍，为保护好院藏侨批，首先要将侨批经自控式档案杀虫防霉机消杀，消杀时间至少要8小时以上，之后再用无酸保护材料包装好，放入恒湿

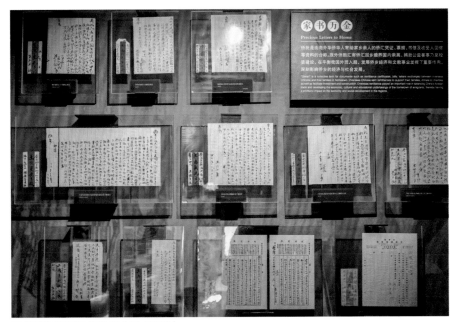

华侨博物院里的侨批墙（图 / 刘璐）

典藏柜保存，最大限度地做好收藏保护工作。

每一次接触到祖辈的历史，每一次研读侨批，都让林翠茹深切感受到自己的工作意义非凡，同时，也让她更加坚定地意识到，这份工作的价值不仅在于它的教育意义，更在于它对维系和传承文化和历史记忆的重要性。当初陈嘉庚创办博物院，为的是让华侨回国时了解祖国的悠久文化、建设成就，又可以让中国国内人民了解南洋、了解海外华侨的生活环境，奋斗历程。每年有不少海外学子来到这里，进一步了解到自己的祖辈们在海外谋生创业的艰辛以及他们和祖国之间"绿叶与根"一般无法割舍的情意。

陈嘉庚已离我们远去，但从侨批的字里行间，我们看到他留下了像大海一样博大的情怀，留下了像高山一样挺拔的丰碑，留下了像日月一样的光辉。

到金门旅游的旅客，不论是在水头金水小学、得月楼、黄辉煌洋楼，还是侨乡文化展示馆，总能看到金门侨民的故事。有了侨民自然也有侨批，金门侨批属于闽南厦门系，是闽南侨批系的重要组成部分。百年来，金门侨批多以厦门为中转地。这些信件，不仅真实记载了金门人出洋谋生的历史，也反映了金门与厦门之间往来之密切。

金门侨批中展现厦金之情

文 / 司雯

　　金门位于闽南，邻近厦门、泉州港。17 世纪中叶以前，已有金门人南渡东南亚。随后百年间，金门发生了三次大规模南渡，海外涌现出一大批金门籍的华侨。有华侨就一定会有侨批的出现，金门资深小说家陈长庆所著长篇小说《乌番叔》第一章里，就写了去到印度尼西亚的乌番叔，请人"帮忙写一封平安信，并顺信汇给春枝两块银圆作为生活费"，第二章里也述及金门老家的春枝收到钱之后，请专门分送侨汇的"分批权仔"代回番批。

　　长期以来，出洋谋生的金门侨胞主要通过侨批局、海外华侨银行等所受理的侨汇业务与家乡亲友联系。可以说，侨汇是早期金门经济发展的重要助力。而这些侨批上，也总能发现厦门的印记。

金门众多侨批局的变迁

金门为福建重要的侨乡之一，金门人的足迹遍及东南亚及日本等地。金门华侨何时出洋，并无确切可考，大致上与福建移民相似，以南洋居多。《金门县志》记载了第一次大规模南渡集中于同治年间。当时国内人口增加、耕地不足、生产有限，故很多民众渡海谋求生计。

1842年厦门正式开港、1860年华工出洋合法化，当时南洋相对于国内来说，商业发达、治安良好、交通便利，吸引了大批金门青壮人口外出谋生，于是金门出现第二次南渡潮。到了1937—1945年抗日战争期间，由于金门沦陷，日军掠夺岛上物资及土地，强征民工，百姓苦不堪言，因此金门民众纷纷逃离金门岛，一部分则南渡投靠亲戚、友人，形成了第三次南渡潮。

成功大学中国文学系特聘教授陈益源介绍，这些赴海外打拼的金门乡亲，在南洋等地努力工作，省吃俭用节省下来的钱大多汇回家乡金门，供给父母亲人使用。金门许多聚落的建设都与侨汇有着密不可分的关系。从前邮汇不便，金门侨民的汇款大多通过侨批局送回金门。《闽南侨批史话》一书中记载，太平洋战争之前厦门共有侨批局104家，大小金门侨批局20多家。

陈益源说，太平洋战争结束后，较早在金门成立的侨批局，是1946年由厦门正大批局在金门设立的分局，这也侧面反映出厦门侨批业的兴盛带动了金门侨批业的诞生和发展。但"正大"经营没多久就倒闭，业务由"联益"接手，后来"联益"也因为经营不善而停业，又以"徐振和"的名字重新经营。再来，后世最被人所熟知的"存德"也加入经营。在水头聚落中的"金水学校展示馆"里，还可以看见从前"存德"处理侨汇的情形：每天金星轮从厦门将信件及侨汇送到同安渡头之后，再由专人送至邮局及侨批局，此时侨批局的业务量超过公营邮局。

运送侨批的金星轮，也大有来头。陈益源介绍，金星轮隶属金门轮船有限公司，是由金门人陈景兰号召海外侨商筹组而成，专门办理签

持续至今的金门"存德"药房，前身就是侨批局

领代转服务。金门轮船公司在厦门设有办事处，金星轮固定航行于金门、厦门，会把这些侨汇及时送到受款人家里。

1949 年国民党转进金门，"存德"停止营业，后改为"存德药局"，一直存续至今。没多久，"徐振和"也停止营业，"南侨"侨批局接手。在 20 世纪 80 年代，金门还有"南侨""玉丰""三益"三家侨批局营业，后来"南侨"及"玉丰"相继停止营业，剩下"三益"还继续经营。

国民党入驻金门后，邮局及相关金融机构出现，加上金门战地政务的实施，让侨批局的业务逐渐萎缩。1990 年左右，"三益"与非正式的"金门眼镜行"成为仅存的侨批局。但经营并没有持续太久，2001 年，"三益"也拿了下招牌，店面消失，原址现在已经变成饮料店，"三益"也被称为"末代批局"。

而非正式的"金门眼镜行"侨批局，则成为民间私下资金往来的一种媒介，由侨民写"条子"交给家乡亲友，家乡人再凭"条子"去"金门眼镜行"领钱，"金门眼镜行"则向侨民结账。"如今，这个眼镜行还在经营，也能为侨民提供资金服务，但业务量已经非常少了。"陈益源说，曾经在金门一度辉煌的侨批局，如今几乎完全走入了历史之中，只有一些历史纪念馆里的情境展示，提醒人们关于侨批侨汇的这一段过往。

金门侨批多以厦门为中转地

从目前所能收集到的侨批来看，现存的金门侨批的数量不多，且大多分散藏于民间。侨批收藏与研究者、中国人民大学家书文化研究中心客座研究员、《闽南侨批大全》总主编黄清海根据已公开的资料，整理出 30 枚金门侨批，这些侨批多为海外寄至金门，另有少部分为金门寄至海外的回批。从这些侨批的邮戳来看，金门发生地的邮戳或信局印章大多印有"厦门"字样，说明近代金门的侨批多以厦门为中转地。

中国闽台缘博物馆文博馆员陈晓岚介绍，早期华侨银行负责金门侨汇在国外的收揽并尽快汇入国内，到了厦门后部分侨汇则由邮政储金

纪录片《落番》中的金门侨眷请代书先生写回批的场景

局投递至金门，最后再由金门民营侨批局派送给收汇人。民营侨批局主要通过两种途径投递至收款人手中：一是由驻金门的厦门信局直接派送至收汇人手中，如天一信局、正大信局、崇成信局、瑞记信局均有派送金门侨汇业务；二是直接由金门当地信局派送。

　　闽台缘博物馆馆藏多张金门侨批，抗战之前的金门侨汇主要来自东南亚，且以菲律宾、新加坡、马来西亚、印度尼西亚为主，汇款形式有电汇、票汇。这些侨汇，部分是用于赡养家眷。据统计，金门华侨与国内经济联系密切，70% 侨眷依靠侨汇生活。例如，一张"1929 年 6 月 29 日马来亚吉隆坡华侨银行签发厦门分行兑付汇给金门县徐晃先生的 800 银圆汇票"，以及一张"1932 年 7 月 22 日海外华侨银行签发厦门分行兑付汇给蔡妈钳的 318 银圆汇票"，都属于"赡家侨汇"。

　　更多的侨汇，用途主要集中在"建筑侨汇""捐赠侨汇""投资

1935 年 6 月 11 日，新加坡华侨银行签发厦门分行兑付汇给金门中学 330 银圆汇票

侨汇"等方面。特别是 1934 年 3 月金门建设协会成立，海外金门乡亲陆续汇款回来金门帮助家乡各项建设。例如一张"1934 年 12 月 31 日海外华侨银行签发华侨银行厦门分行兑付汇给金门县建设协会 28 银圆汇票"，一张"1935 年 6 月 11 日新加坡华侨银行签发华侨银行厦门分行兑付汇给金门中学 330 银圆汇票"，一张"1936 年 4 月 16 日新加坡华侨银行签发厦门分行兑付汇给金门公路财政委员会委员吴光坪、陈廷笈、洪朝焕三君 2000 银圆汇票"等。这些侨汇为金门华侨支助家乡教育事业、支援家乡基础设施建设的实例，充分体现金门侨胞们爱国爱乡的情怀。

这些金门侨批，多数是通过海外华侨银行汇入厦门转送金门的。据悉，1919 年新加坡华侨银行创办后，金门人许允之曾经任职其公司，后做过金门教育会委员、金门县学校校长，题写了公司代表性的"新加坡华侨银行有限公司"字体，有"星洲三大书法家"之称誉。华侨银行成立后，兑付手续便利，付款快速，赢得海外华人的热烈回响。

从一些金门侨汇里，我们还发现了不属于银行的签章。在一张"1931 年 11 月 25 日印尼日里棉兰中华商业有限公司经华侨银行厦门分行汇

1936 年 4 月 16 日，新加坡华侨银行签发厦门分行兑付汇给金门公路财政委员会委员吴光坪、陈廷笺、洪朝焕三君 2000 银圆汇票

款往金门 100 银圆汇票"中，就盖有"金门小的百货商店图章""厦门五洲大药房"的章。陈晓岚介绍，由于像华侨银行等海外银行仅设在大中城市，且有规章制度及时间限制，给金门侨眷领款带来不便，有些人就将票据签名盖章后，委托商号、银号等代领。这些商号代领后，钱存在店里，不计息，侨汇的拥有人需要时再取之。这样的操作，不仅给商号增加了资金的流动性和周转率，也避免了侨眷家里存放过多的现金，对双方来说是互利共赢。

金门侨胞踊跃捐款支持抗战

"七七事变"爆发后，全面抗战打响。金门作为厦漳泉的门户，成为日寇首先攻击的目标。1937 年 10 月 26 日，日军占领金门岛。这是抗战爆发后，最先被日军占领的岛屿，也是福建第一个沦陷的地方。金门之沦陷史称"华南卢沟桥事变"。

在《抗战家书》中均提及日军占领下的金门。其一是"1937 年 9 月 28 日晋江东石郭章纯寄给在马来西亚太平儿子郭燕趁的回批"，说："金门被日军所占了，登岸捉十六七岁女子 40 外人，又于（抓）壮丁

100 外人，带上战船……"；其二是"1938 年 5 月 2 日沙捞越古晋刘甫盈寄给他泉州南安妻子李氏的侨批"，说："日本占咱金门，现今金门男女数百渡往夷邦觅利，所于（以）金门店头一概用金门人……"

日军侵占金门的这一期间，罪行累累，两岸人民同舟共济，同仇敌忾，侨居海外的金门侨胞们也踊跃捐款援助同乡难民，支援抗战，共同抵御外敌入侵。

1937 年 10 月 29 日，为了安置逃难到厦门等地的金门民众，部分金门旅外侨胞邀请厦门、鼓浪屿一带的知名人士，在厦门鼓浪屿华侨银行成立"金门难民救济委员会"。"金门难民救济委员会"成立后，国内相关团体或个人纷纷给救济会捐款。与此同时，菲律宾、新加坡、缅甸、越南等地的华侨，尤其是金门籍华侨纷纷踊跃捐款，接济家乡的民众支，援祖国的抗战事业。

这些筹集而来的捐款，基本上都是通过侨批的形式，经由厦门华侨银行送至"金门难民救济委员会"。例如一张"1937 年 11 月 2 日海外华侨银行签发厦门分行兑付汇给金门难民救济会捐款 300 银圆汇票"，算是委员会成立之初，最早由海外侨胞通过华侨银行厦门分行汇款给金门难民救济会的捐款之一。

《抗日战争时期厦门人口伤亡和财产损失调查》中记载，1937 年的 11 月初，印度尼西亚华侨在雅加达举行"慈善夜市"，筹款赈济流落在厦门等地的金门同胞，随即将筹款寄至厦门。一张"1937 年 11 月 15 日印尼吧城（印度尼西亚雅加达）华侨银行签发厦门分行兑付汇给厦门金门难民救济会 1250 银圆汇票"，也能侧面印证这个事件。

截至 1938 年 7 月，"金门难民救济委员会"收到海内外救济捐款合计 40 多万银圆。1938 年底，数以千计的金门难民，有的安置就业，有的出洋，有的灌口垦荒，更多的返回金门务农。"金门难民救济委员会"与其他抗日后援会一样，在安置难民、劝募物资、征集善款、共同抗击日本帝国主义侵略战争中发挥了重要作用。

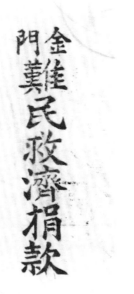

1937 年 11 月 2 日，海外华侨银行签发厦门分行兑付汇给金门难民救济会 300 银圆支票

据黄清海《金门侨批与金门学研究》一文，1938 年 5 月厦门岛沦陷后，厦门的信局和邮局大部分迁址鼓浪屿，金门侨批邮路也因此改经鼓浪屿中转。为避免误投，海外华侨寄批时经常直接写上"鼓浪屿"，所以才有"鼓浪屿交金门后浦东门六角井下""鼓浪屿烈屿后头社"等字样。

金门作为福建四大侨汇派系之一——闽南厦门系侨批的一个重要组成部分，其侨批无论是由厦门信局直接派送，还是由金门信局派送，其邮路皆以厦门为中转地，其汇路也同样以厦门为中转地。甚至有些金门侨批，批封上的签章，还显示"专收漳泉金厦等处"，直接反映了 1949 年之前，漳、泉、金、厦四地密不可分，被信局、邮局和银行视为同一区域开展业务。

从这一封封往来海外—厦门—金门的侨批中，厦金的深度融合、密不可分，展现得淋漓尽致。

按章索局

过番谋生推动了侨批业的兴盛，银行、钱庄、批局等金融机构由此得到发展，在上百年的发展中，"诚信"是行业的灵魂和不二法则。时代的风云际会，行业的潮涨潮落，家族的兴衰沉浮，也同时勾勒了厦漳泉侨批局的海丝足迹。

从日兴银庄到中南银行

南侨巨擘黄奕住创办的侨汇事业

文 / 刘舒萍

鼓浪屿中德记（黄家花园）

　　在鼓浪屿，曾流传一句话，"若要富，要学黄奕住"，说明当时民间对他的推崇。黄奕住的发家史，最能代表闽南人下南洋致富的奋斗史。他在1919年决定回国投资之时就汇回2000多万美元，这个数字在当时算是天文数字；回国后，他所创办的日兴银庄、中南银行在争取侨汇、存款放款以及对民族工商业和社会经济的发展，都起着较大的作用。

1885 年，黄奕住身上揣着父母变卖祖产得来的 36 个银圆，带着理发工具，从家乡南安徒步 100 多里走到厦门，搭木帆船来到新加坡。随后的 4 年间，他从新加坡辗转到印尼苏门答腊岛的棉兰市、三宝垄市，在街头摆了一个小摊替人理发，后开办日兴行，专营糖业，历 30 年，终成超级富豪。到 1919 年回国定居鼓浪屿时，曾经的"剃头匠"已成为涉足商业、银行、保险、房地产、种植等多行业的商界巨子和华侨领袖了。

经济复兴，侨汇催生银庄

1919 年 4 月 5 日，黄奕住处理了其海外产业，据资料统计，他将所积资金约合 2000 万美元汇回祖国，回到了他曾经出海谋生的厦门码头。但这一次，已不复是 35 年前那个怀里揣着剃头家什、四顾彷徨的懵懂少年了。他还有好多宏图大业尚未开始，但首先，他得先给自己安个家。当然，他如今是糖业大王，这个家自然也不能凑合了事。黄奕住在鼓浪屿盖起了后来被号称"中国第一别墅"的黄家花园。

黄奕住还在鼓浪屿开辟了一条街道"日兴街"。这是鼓浪屿上第一条用条石铺成的街道，也是第一条在空地上按照设计图纸修改、由整齐的楼房组成的街道，是厦门市街道现代化起步的标志之一。只可惜，日兴街两旁建筑如今已被拆毁，街道亦被并入龙头路。历史上，日兴街与厦门镇邦路上的日兴银庄隔鹭江相应。

日兴银庄是黄奕住在厦门投资的第一家金融机构，银庄运用了银行网络的新经营手法，当然最重要的还是信誉。由于资金雄厚，加上黄奕住在侨界以讲信用著称，日兴银庄与东南亚几家银行开展业务往来，关系很好，侨批支付安全畅顺。因此，1921 年，日兴银庄开办后，南洋一带的华侨认为可以信赖，就纷纷把他们在海外的游资汇来寄存，以备日后在家乡建筑房屋或兴办实业之用。曾有一名印尼华侨，一次就通过日兴银庄汇来 30 万元。据厦门《江声报》载，日兴银庄开业 16

中南银行鼓浪屿办事处

中南银行鼓浪屿办事处位于龙头路的旧照

年来获利百余万元。可见，日兴银庄客户存款相当可观，业务是非常发达的。

在黄奕住决心涉足金融业的时候，厦门收到的侨汇，正随着南洋各地在"一战"后的经济复兴，迎来一个爆发期。1920年，厦门的侨汇数额还徘徊在200万上下，但到了1921年，厦门侨汇翻倍增长，达到了4400万元，在1931年，达到最高点为7200万元。这是由于20年代后，厦门城市建设进入一个飞跃发展时期，房地产投资活跃，

黄奕住，著名的爱国华侨企业家和社会活动家

吸引了不少海外华侨投资。加上银价下跌、银行汇水高，海外华侨乐于把钱汇回国内，而这些钱财大部分由厦门中转，促进了以侨汇为支柱的厦门金融业的发展。

日兴银庄如同一只不断下金蛋的金鸡母一样，以钱生钱，黄奕住自然也大赚。据说，日兴银庄的大批存款及巨额利润是黄奕住在厦门投资的重要资金来源。他利用自己资金及存款，创办自来水公司、厦门电灯公司、厦门电话公司。

快速扩张，终成金融翘楚

巨量侨汇涌入，刺激了侨批业、银行业的繁荣。值得一提的是，在日兴银庄开业的前一月，黄奕住在上海创办了民国时期最大的民营银行——中南银行，该行是由中国金融界和南洋华侨合作经营的，所以定名为"中南银行"。中南银行要做的，就是连接中国和南洋，使来自南洋的庞大侨汇能在中国现代工商业的发展中扮演重要角色。

1921年黄奕住（二排左六）在上海创办中南银行，此为创立合影（图/华侨博物院提供）

　　中南银行是近代华侨在国内投资金融业最大的一家银行，也是黄奕住一生中投入资本最大、影响力也最大的事业。有人认为，这是他在海外经营银行的继续。当黄奕住还未回国之前，就在新加坡华侨银行入股投资叻币40万元。同时，还在菲律宾马尼拉与当地侨领李清泉、薛敏老等组织创办了中兴银行，黄奕住认股菲币100万元。

　　在印尼30多年的商海沉浮中，黄奕住深刻地体会到了银行的作用。在1917年的糖业危机中，由于难以取得银行的信贷支持，他几乎破产，所幸糖价在"一战"结束后猛涨，他才东山再起。经过了这一危机的华侨商人，在"一战"后纷纷把资本投向金融业，黄奕住也不例外。

　　1919年，黄奕住到上海，拜会《申报》董事长史量才、银行家胡笔江等人，与他们共同筹划在上海成立中南银行。经过一段时间的筹备后，1921年7月5日，中南银行正式开业，总行设在上海汉口路，是当时全国最大的侨资银行。

中南银行成立后，发展迅速，在天津、汉口、厦门、南京、杭州、苏州、无锡、重庆、香港等地设立分行或支行。在以上城市中，厦门虽然城市规模较小，但是依托从南洋来的庞大侨汇，中南银行的厦门分行和鼓浪屿办事处的盈利能力却在中南银行的各分行中首屈一指。

最令人称道的是，中南银行在开业后不久就获得了钞票发行权，与当时有发钞权的中国银行、交通银行鼎足而立，这在当时私人资本银行中是绝无仅有的。除申请到发钞权外，中南银行还率先开办外汇业务。一句题外话，1925年，黄奕住投资25万银圆，设立上海日兴行，经营商业、进出口，兼营汇兑、侨批业。

沧桑岁月，永远载入史册

黄奕住虽担任中南银行董事长之职，但多数时间寓居厦门，并未直接参与银行管理。1927年至1931年是厦门钱庄业的黄金时代。后来，世界经济不景气，华侨汇款锐减，厦门商业萧条，黄奕住决定结束日兴银庄。

据厦门《江声报》1934年8月12日的报道，是由于"目下景气不佳，前途未可乐观，黄奕住自顾年近古稀，亟宜休息，决然就此结束，停止对外交易"。于是，他与中南银行总经理胡笔江商定，以他在厦门的产业向中南银行抵押借款100万，用以支付存户的存款。随后，他在报纸上刊登通告：凡有在日兴银庄存款，不论定期、活期，限日领取本息，准备结束业务。存户一见启事，都纷纷向银庄支领，却转存在位于日兴银庄楼下的中南银行厦门分行。可见，黄奕住及其创办的企业，信用卓著。

在金融业现代化的进程中，银庄不可避免地要被银行代替，这也是黄奕住宁可关闭日兴银庄，也要保证中南银行正常运转的原因所在。作为黄奕住最为看重的金融事业，中南银行在20世纪二三十年代如日

中南银行具有发行钞票的资质，图为该行发钞的纸币

中天，曾经有过辉煌的时期。然而，1937 年卢沟桥事变爆发，日军全面发动侵华战争，中南银行也和全国许多银行一样蒙受了巨大的损失，元气大伤，加之史量才、胡笔江的去世，经营业绩一落千丈，举步维艰。

与此同时，避居上海的黄奕住蛰居期间"每闻时事即悒悒不乐"，1945 年 6 月 15 日，抗战胜利前夕，他病逝于上海，享年 78 岁。1951 年 9 月，中南银行被收归国有。2001 年，中南银行香港分行并入香港中银集团。至此，中南银行走过了近百年的沧桑岁月，永远载入了中国金融史册。

俄罗斯著名剧作家果戈理说过："当歌声和传说都已经缄默的时候，只有建筑还在说话。"凡是去过厦门鼓浪屿的人，大都听说过黄家花园，黄家花园位于洋人球埔边上，位置极佳，既可眺海，又可望日光岩。这是一座豪华、考究、充满欧式风格的私家别墅，也是鼓浪屿上与近现代史上的各国名流政要结缘最多最深的建筑。蔡廷锴、蒋介石曾在此居住。1949 年后，黄家子孙将其交给政府管理，此后黄家花园成了国家宾馆，邓小平、尼克松、李光耀等中外政要也曾经在此小住和参访。

黄家花园归还给黄家后人后，花园被重新修缮，现在依然作为度假旅馆使用。2017 年 9 月 4 日，联合国教科文组织总干事正是在这里，把鼓浪屿"世界遗产证书"颁给了厦门时任市长，给黄家花园又留下了浓墨重彩的一笔。

黄家花园内共有三幢楼房，成品字形布局，前面左右对称两幢楼，时称"南北楼"，花园后方为"中楼"，即黄奕住所居之所。据传，南北楼建筑耗资约八九万银圆，而仅中楼建筑，就耗资达近 30 万银圆，其建筑规模之大、所用材质之精贵可想而知。黄奕住在营建如此豪华住宅的同时，没有忘记自己曾经是理发匠的出身，他在这三栋楼房里装饰了许多挂镜，镜端均刻有三件理发工具：剃刀、须刷和掏耳筒，使家人以镜正衣冠时，就会联想到他的创业维艰。他所表征的"爱拼才会赢"的生命精神，也借由这幢质地精良、造型矜贵的建筑，实实在在地传递与后人。

> 厦门被日军攻陷后，合昌信局趁全市批信局处于停顿状态，通过鼓浪屿转递批银，解清内地全部批款，顿时声誉鹊起，南洋委托局一时激增至 180 多家，几乎囊括了闽南的侨批业务。而合昌信局是由中国银行附设的，在侨胞侨眷看来，合昌信局就是中国银行，中国银行就是合昌信局，二者实为一体。

合昌信局：

中国银行进军侨批业的化身

文 / 刘舒萍

在抗日战争期间，闽南侨批业就经历了一个曲折发展阶段，战争造成交通阻隔，社会治安动荡，批局邮路严重扭曲，原本三五天的邮程竟然需要 80 天，私营侨批业信用不佳，并时有倒闭。当时，中国银行顺此时机，承接"合昌信局"牌照，以官方名义开办侨批派送业务。

从民间信局到官方背景

要讲合昌信局的故事，绕不开中国银行。中国银行成立于 1912 年 2 月，1914 年 1 月福建分行成立，1915 年和 1916 年，厦门、泉州支行则相继成立，是福建省内成立较早的银行机构，以经办海外移民汇款为重要业务。1921 年 10 月，福建分行迁移到厦门，后改称厦门分行，内部简称"闽行"。

"中国银行对推广侨汇业务一直不遗余力。1932 年 11 月，中国银行总经理张嘉璈携香港、厦门两分行经理赴新加坡考察侨汇情况，期间

一封盖有合昌信局印戳的侨批（图／陈亚元提供）

指示香港、广州、汕头、厦门四处分行改进收转及汇兑手续，凡是侨眷到行提取汇款时，给予便利。不会签字的，画一个'十'字也可以。"中国银行福建省分行原行长陈石表示，20世纪30年代后，中国银行更务力开拓这项业务。1936年，中国银行在新加坡设立分行，而后又在马来亚、印尼、缅甸、越南等地设立经理处，扩大海外通汇地点，并在福建省内各侨区普遍设立分支机构，雇用专差派送侨汇。1936年，中国银行经办的侨汇占全市侨汇总数的40.14%。

对于经营侨批业，中国银行早已有意进军。在抗日战争爆发前，天一信局、三美信局、锦昌信局等批局相继倒闭，震动闽南侨批业，海外侨胞对于国内信局颇有疑虑，闽行认为这是进军侨批业务的大好时机。于是，1937年初，中国银行泉州支行即开始筹备并成立侨汇组，先后派人在厦门、安海、石狮等主要商埠筹办侨批分解事务。由于邮局规定，经营侨批业须领有牌照方可营业，这时凑巧合昌信局宣告关闭。合昌信局原是一家民间信局，1932年，在厦门磁安路10号登记开业，创办人是黄泳来，但经营到后期日渐式微，1937年4月宣告关闭。

泉州支行受闽行指示先是买下"合昌信局"的执照，仿照民信局办法，直接送解信款，以期便利侨胞，吸收外汇，后又招收三美和锦昌等侨批局的旧部，在闽南各地迅速建立分支机构。

由于合昌信局派送侨汇一律付给现钞，不收取任何佣金，侨批回文又能及时寄出，加之中国银行在南洋的汇兑网络、资金雄厚且信用可靠的优势，于是，海外批局纷纷联系委托，很快中国银行就在海内外与数十家侨批局建立了合作关系。1938年经收的侨汇占全市侨汇总数56.36%。

冒险派送从而声誉鹊起

1937年8月13日淞沪会战爆发，厦门十几家中外银行相继撤移至鼓浪屿租界营业，中国银行在岛上原有鼓浪屿办事处，当时实际上已成为一个对内外均以分行名义行事的机构。

1938年5月，厦门沦陷后，民间信局处于停顿状态，汇款均无法解付；内地各银行亦减少库存，停止解款，以至于东南亚华侨汇款无门。而合昌信局是由中国银行附设的，中国银行作为国际汇兑银行，对于侨汇业务十分关注，冒险利用亚细亚洋行交通汽船将批银先押运至海沧嵩屿再转泉州等地清解，顿时声誉鹊起，南洋信局纷纷与中国银行合昌信局签订了代解合同，不到数月，南洋委托信局已达180多家，其他银行也争先与合昌信局合作，例如菲律宾中兴银行、新华信托储蓄银行香港办事处等金融机构与之签订合同，确定合作关系。

1937 年夏，厦门中国银行员工在鼓浪屿军训留影（图/陈石）

合昌信局在厦门沦陷后业务能够突飞猛进的原因有二：一方面，在乱局之中没有畏缩怕事，反而从中看到机会，坚持冒险解付，主动与各方联络，在内地遍设机构，同时在永春、洪濑、涵江等处添设机构，款无论多寡，路无论通塞，全部予以清解，侨胞莫不称赞；另一方面，是因为其具有官方背景，在混乱中得到了更多便利和信任。在海外侨胞看来，中国银行与合昌信局实为一体。

1939 年 11 月 20 日，马来西亚华文报纸《槟星日报》对中国银行挺身而出的仗义之举进行了报道："当厦门沦陷，汕头、海口遭受封锁时，中国银行即在内地遍设机构，使侨汇得以不致因海口受封而发生阻滞，其间虽通行路线数遭变扰，然仍继续努力，不断奋斗，终能维持我南洋华侨与内地之联络，使万千侨眷不致因接济中断蒙受冻馁之苦，中国银行同人对此极深兴奋。故纵一内地派送信款时，历冒生命危险，时而坏车伤人，时而受敌机轰炸，而工作进行，仍所不怠，虽效果方面间有未能尽满人意者，然至今尚保持侨汇无阻……"

陈嘉庚对中国银行也不吝夸奖之辞，他在《南侨回忆录》中这样写道："数月前敌陷厦门，扰及潮汕，闽粤海疆受制益甚，而各地原有银行或缩或停，一部分民信局则乘机取利，抬高手续费。于是我侨胞寄汇信款颇感困难。幸中国银行负起责任，遍设办事处于闽粤内地各城市乡村，而谋补救。款无论多寡，地无论远近，路无论通塞，皆乐于收汇，而汇水又甚低廉，近月来我侨胞远处乡国之父母兄弟姊妹，得如涸鲋获苏于勺水者，泰半特此。"

1938年7月，泉州中国银行请准邮局将合昌信局牌照移泉，并仍在鼓浪屿留分局办事，泉鼓两处均可收发海外批信。在1938年12月25日印尼李丙龙致厦门海澄浮宫郭陈石转交岳母的侨批，信封背面盖有"福建泉州交合昌信局"。此时，厦门已沦陷，侨批邮路经泉州中转，所以海澄的侨批也交泉州合昌信局收转。在信中，李丙成写道："自广汉被日本占据、咱厝地方如何？望大人回音指示。"在外谋生，华侨时刻关心国内抗战情况，关心家乡亲友的安危。据悉，1938年至1940年期间，海外华侨汇款几乎完全集中厦门中国银行代解，对安定闽南侨乡侨眷生活作出了极大贡献。

从艰难经营到一律由银行承办

抗日胜利后，交通恢复，困居海外的侨胞纷纷寄信汇款回家，赡家侨汇激增，侨批业随之复业并迅速发展。此时，部分侨批局迁回厦门营业。不过，太平洋战争爆发后，香港和南洋各地相继沦陷，侨胞与家乡通信阻隔，加之通货膨胀，黑市猖獗，银行业务萎缩，侨汇业务经营艰难。"期间，福建各地中国银行业务日趋萎缩，机构陆续裁撤，至1949年10月17日厦门解放时，全省仅余8个行处。"陈石表示，汇兑业务是银行获取收親愛的僑眷們：：

近來印尼、菲律濱、馬來亞、的帝國主義反動政府管制我們僑胞匯回瞻家的匯款日益加嚴已由檢查匯款進而檢查回文或回信了，假使我們在回文或回信上寫明收到人民幣若干萬元或港匯若干元而被反動政府查出以後不特海外匯款的僑胞！你們的父、兄、丈夫、兒子或親友！要受到危害或損失郎你們的家用也恐要因此中斷我們本着為僑胞服務的方針為了使你們的家用能繼續匯來起見特將寫同文或回信的暗語方法介紹于后。。

一．今日由××叔處借到白米若干百斤（如係三百萬郎寫三百斤）

二．今日已得到政府發下救濟糧若干百斤

三．向××伯借到谷子若干百斤

以上几種暗語任何一種寫在回文上被當地反動政府查到亦無所藉口海外僑胞亦可避免危害和損失了惟須保守秘密不得將該項暗語洩露或外傳務希僑眷們切切注意！

此致
敬禮

合昌信局啓

合昌信局
仙路四下七
月　日

20世纪50年代初，厦门合昌信局告示，提醒侨眷写回文时要使用暗语（图/陈亚元提供）

益的重要途径之一，在战火纷飞、金融动荡的年代里，汇兑业务难以畅通，中央银行头寸调拨又有一定的条件限制，以致汇款解付困难重重。

1948年7月30日，一封从海外寄往福建安溪上宛深格的侨批反映了当时的情况，该信封背面"厦门水仙路十一号合昌信局收 AMOY CHINA""厦门中国银行收"字眼清晰可见。这是一封白文扬写给妻子廖玉芳的家信，在信中，白文扬这样写道："因为汇水行情涨跌之故，所以后日若急须之项可以由电汇付去，更敏捷。再一办法是汇票直交妥人接领，然后若不急用，亦可暂换（美金）收存。又一办法，由坤埠信局买美金，每百津贴菲币五元，将信局出条，对厦门分局支领。对此三条件，请选适一条来示。"从中可以看出中国银行服务侨胞之周到，亦可看出当时通货恶性膨胀，美钞成为公开流通货币。限于种种原因，1948年下半年后，合昌信局业务逐渐停顿，乃至完全停顿。

1949年11月，中国人民银行福建省分行提出"恢复合昌信局，沟通海外联系"的建议，1950年2月，合昌信局正式获准恢复对外营业，总局设在厦门中山路222号2楼和水仙路47号，分局遍布福州、泉州、漳州等地。1950年由菲律宾马尼拉寄中国石狮经厦门中转的侨批封，封背面就盖有"厦门合昌信局收"长竖条章。由此可见合昌信局在海外的影响力。

为提高侨汇派送速度，加强对侨胞、侨眷宣传服务工作，1957年1月，厦门中国银行对侨批业原三盘派送机构进行改组，成立了"厦门侨批派送处"，地点在海后路38号。1976年，中国人民银行成立专门小组，对各侨批局资产负债进行全面清理，办理股东退股，厦门侨批业正式宣告结束。1976年1月起，各地侨汇业务一律由银行承办，从业人员吸收为银行职工。

天一信局：中国邮政史上『三最』

天一信局，是中国历史上规模最大、分布最广、经营时间最长的早期民间侨批局，建立起一整套批银揽收、承转交接、委托分解及资金头寸调拨的运营机制，为侨批经营奠定了基本范式。它的分局辐射范围远达八个国家，包括中国在内共设 33 家分局；它起于末世，终于乱世，跨越清代与民国，历时 48 年。

无论是辉煌还是落魄，栉风沐雨，位于漳州的天一信局始终挺立着（图/杨雪莲）

天一信局从 1880 年组建（比大清邮政早 16 年）到 1928 年停业，历时 48 年，其业务覆盖闽南及东南亚大部分地区，是其时闽粤和东南亚最具代表性的侨批局；天一信局以厦门口岸为中心、面向东南亚华侨社区和国内侨乡的双扇形跨国运营，它的产生、发展乃至倒闭，都反映了中国近代侨批局信用嬗变的轨迹，可以说是近代侨批局信用嬗变历程的缩影。

天一信局创始人郭有品

一骑绝尘，占闽南地区侨汇的三分之二

在九龙江畔的角美流传村一条不起眼的小巷内，隐藏着一座雕花刻栋、古色古香的晚清旧洋楼——它便是盛极一时的"天一总局"。虽然对于"天一总局"的大名早有耳闻，但初访此地时，不少人仍不免被这座美丽的建筑惊艳。尽管百余年时光流逝，建筑外观早已略显沧桑，但我们依旧能从其高大的廊柱、精美的浮雕，清晰地感受到其恢宏的气势。至今，天一总局的创始人郭有品及儿子郭行钟的创业传奇故事仍在当地成为美谈。

天一总局鼻祖郭有品生于 1853 年，年幼丧父后由母亲丁氏抚养成人，自小养成敢拼会赢的秉性。在传统社会中，人与人之间的关系是以血缘、地缘、业缘关系为纽带的，一批又一批的华人在亲友、同乡的引领下相继到海外谋生、定居。1869 年，17 岁的郭有品在堂兄郭有德的资助下，随"客头"从流传村登船，漂洋过海到吕宋打拼。郭有品勤劳朴实，尊老敬贤且乐于助人，深得同乡侨民的信赖。郭有品靠着做"水客"攒下一笔钱，便在清光绪六年（1880），回到家乡流传村创办"天一批郊"，主要经营吕宋与闽南之间的华侨银信兑换业务。这"天一"之名，据说，取自汉儒董仲舒的《春秋繁露·深察名号》中的"天人之际，合而为一"，也有学者认为，"天一"二字来自《易经》中的"天一生水"，意味着财源如水滚滚来。

天一批郊开办后，每批银信均由郭有品本人亲自押运。在一次押运侨汇途中，突遇台风，船只沉没，全部银信顷刻付诸东流，所幸郭有品获救。返乡后，他变卖田亩家产兑成大银逐一赔付受损侨眷。据悉，这一次，郭有品共赔了800块银圆，相当于现在100多万元人民币。从此，郭有品的个人信用远传南洋，深为华侨信赖，天一的业务量从此与日俱增，可见，信用是侨批业生存的根本。

在那个信息较为闭塞的时代，在早期制度不健全的情况下，侨批局的发展极看重个人信用，华侨认同的也是彼此之间的血缘或地缘关系，往往会选择值得信任的拥有血缘或地缘关系的侨批局。郭有品恪守个人信用，利用了血缘和地缘基础上的关系信用，终将其变为资本。

光绪十八年（1892），为办理海关业务之便，郭有品在厦门港仔口、晋江安海石埕街设立分号，改"天一批郊"为"天一批信局"。厦门港仔口街在哪里呢？这是旧地名，在现镇邦路与升平路交叉口。1896年，清朝邮政局正式对外营业。清廷规定民间的信局必须到当地大清邮政机构办理登记注册手续，申请领取营业执照，1897年，郭有品向大清厦门一等邮局注册为"郭有品天一信局"，以厦门为总局，业务蒸蒸日上。

1901年，郭有品在厦门探望好友时染病逝世。天一信局由其子郭和中、郭诚中继承，在漳州流传村建造规模宏大的天一总局（后改为流传分局）。1912年，郭有品天一信局改为郭有品天一汇兑银信局，分设信汇部和批馆。因一些侨批馆盗用天一信局商号，天一信局遂统

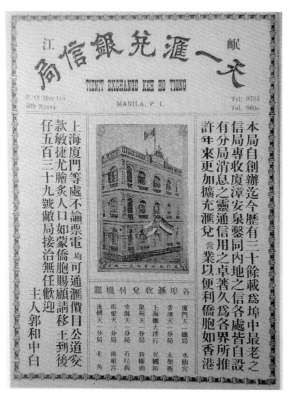
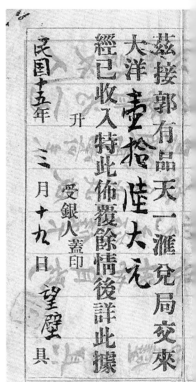

刊载于 20 世纪 20 年代初菲律宾一本体育杂志的天一信局广告插页（图 / 洪卜仁 提供）

一启用郭有品天一汇兑银信局账本和郭有品天一银信局印戳、天一局信封，1921 年又启用统一的新账本和查信单。其海外分局扩张到菲律宾的苏洛、怡口六岸、甲眷育，马来亚的槟榔屿、马六甲、吡叻，荷属东印度（今印尼）的井里汶、巴达维亚（今雅加达）、垄川（今三宝垄）、泗水、巨港、万隆，暹罗（今泰国）的曼谷、通卡（今宋卡），安南（今越南）的杷车（今巴知）、西贡（今胡志明市），开里，实叻（今新加坡）和缅甸的仰光；国内则发展了漳州、浮宫、泉州、永春、同安马銮、金门 6 个分局。几年间，以闽南为据点，形成了一个条理清晰的巨大辐射圈，基本上涵盖了我国东南沿海和整个东南亚地区。

　　1915 年，中国银行福建分行厦门分号成立，天一信局开始兼营汇

一封天一信局的收款回批（图/陈亚元提供）

票生意，资本更为雄厚。在鼎盛期，天一信局每年侨汇额达 1000 万~1500 万银圆，侨汇业务占当时闽南地区侨汇总量的三分之二。1911 年至 1921 年，天一信局曾一度雇用职员 556 名，其中，国内 163 名、国外 393 名，可谓如日中天。

烈火烹油，却在年关兑现前宣布倒闭

在当时，侨批的传递由南洋头盘局、二盘局、三盘局分别组织、运作。南洋的头盘局负责收揽侨批。汇款人将汇款的居住国货币交由天一兑换为国内货币，在信封上标明数额。侨批寄交国内的二盘局，款项则是另汇。厦门二盘局负责侨批在南洋与内地之间的承转。最初，由二

盘局的解批人在南洋驶来轮船中分拣信件。1896年以后，由邮局逐封加盖邮戳，按照邮包总重量收取邮资后，厦门分局到邮局去领"信"。将"银""信"合一，分送各收款人。三盘局设在侨乡负责侨批的派送解付。在这方面，天一信局有了自己专属的航线。1920年，天一信局购置了南太武、正太武、鸿江3艘汽船，经营卓崎—厦门、石美—厦门航线的客货渡运业务。之后，陆续有石码—厦门、石码—金门、漳州—石码—厦门、漳州—石美等航线。可见，天一信局的收汇网络是相当庞大的。

1921年，历时10年，郭行钟斥巨资在流传村兴建的"天一总局"告竣。天一总局一落成，轰动一时。这三座体量巨大、建筑考究的"番仔楼"，构成了天一信局当年的商业运转中心和生活居住中心，自北向南并列而建的是宛南楼和北楼，最后方即是美丽的陶园。

宛南楼坐南向北，为前厝后楼，前两进为闽南的传统大厝，第三进为一栋二层洋楼，中西合璧，显得十分精美。过去，这里曾是郭家老爷和大太太居住的地方。和宛南楼一墙之隔的北楼，是信局的办公楼。楼房为西式建筑风格，是砖木结构的两层楼房，前后二座，环廊把前后连为一体。外墙上装饰着栩栩如生的安琪儿、和平鸽、荷花等浮雕，优雅而不失大气。过去，"天一总局"的工作人员便是在此办公。有学者考究后称，北楼的落成，代表了19世纪末20世纪初期中国民办邮政的最高峰。至于陶园楼，则是一列式的二层洋楼，北向为长廊式通道，装饰着欧式廊柱，上下各有10个房间。过去，这里是郭家的佣人们居住以及储备物品的所在。而如今，这些房屋均由郭氏后人居住、管理。

回看历史，这一时期的天一信局可谓是"鲜花着锦，烈火烹油"。1921年后，东南亚地区通货膨胀，经济不景气使侨商的经济收入大不

天一总局已今非昔比，但依旧能感受到其恢宏的气势

徐慧宝老人是"天一总局"创办人郭有品的孙媳妇，亦是这片古老的"天一总局"的守望者之一（图/蔡文原）

如前，归国华侨日益增多，侨汇减少，外加同行的激烈竞争，天一信局的利润开始下滑。屋漏偏逢连夜雨，1923年，新加坡邮政局废除侨批包封并提高邮资；1925年，中华邮政总局又照会海峡殖民地总邮务局，将邮资再增加一倍；1927年，有传闻说中国银行准备改组为国际汇兑银行。形势朝着政府限制侨批馆、与侨批馆争利的方向发展，天一信局自然难以置身事外。加上此时福建由北洋军阀统治，横征暴敛、滥发纸币以支付庞大的军费支出，天一信局时常遭到军政勒借，香港、吕宋分局也出现了严重亏损。

1928年1月18日，天一信局突然宣告停业。当天是农历十二月廿六日，为送神日（农历十二月廿四日）刚过的年关，家家户户正准备迎春庆新，许多侨眷侨属更是翘首期盼远在南洋的华侨汇款，以便过年。由于天一信局业务庞大，给华侨、侨眷带来巨大损失，引起众怒，咒骂之声随处可闻，一部分归侨侨眷因此倾家荡产。天一信局破产，不仅在厦门及其周边引发社会震荡，更造成了短暂的东南亚金融恐慌。在厦门水仙宫的天一总局房产后来卖给中国银行厦门分行，并将分局房产转卖以弥补亏空。

这个一度叱咤东南亚与闽南、风头一时无两的侨批业巨头落得如此下场，令人唏嘘。至于天一信局倒闭的原因，史学界众说纷纭：有军政勒借说、滥发山（本）票说、滥炒外汇说和滥营糖业说。根据厦门已故文史专家洪卜仁的考证，"海外（马尼拉）部门滥营糖业"导致投资失败应为天一信局倒闭的直接原因，"其实，除了'军政勒借说'，其他原因的推测，都直指天一信局滥发山票从事投机。这也符合当时的历史背景。"

存在48年历史的天一信局拉上了它演出的帷幕，除了留下这寂寞的建筑外，还留给人们无尽的感慨。

离乡背井的闽南华侨，对祖国家乡有着深刻的眷念。他们通过一封封家书与亲人联系。在邮政机构尚未建立或完善的年代，侨批局就成了海外华侨华人情感的寄托，王顺兴信局就是其中具有代表性的一个。80多年的兴衰历史，王顺兴信局不仅带动了闽南侨批业的发展，也加快了闽南侨乡社会经济的现代化进程。

王顺兴信局：
听王家敲银声，知海外银圆来

文 / 司雯

泉州鲤城区浮桥街道王宫社区，一栋有些斑驳破落的中西合璧式建筑静静地矗立着，这就是王顺兴信局遗址。

整座信局遗址占地面积大约有 3000 平方米，由欧式风格的奇园和中西合璧的船楼、信局营业场所、门楼等系列建筑组成。历经百年风雨，现在大楼的外层已经斑驳，楼内也大部分闲置着。不了解那段历史的人，第一次看见它，应该很难想象当年这里的繁荣景象。

走进信局遗址，可以看见厝里还有人在生活的印记。慢慢走在一片凌乱的房子里，经历时间的迁移和自然的损坏，房屋已没有最初的华丽，但精巧的细节依旧随处可见，高大庄严的罗马柱和花样繁复的铜制门把，都似乎在述说着老宅当年的繁荣，以及 100 多年前闽南侨批业的兴衰沉浮。

位于泉州王宫的王顺兴信局遗址（图／张九强）

最早设在泉州的邮政代办所

王顺兴信局成立于清代末年，至今已有百年的历史。它处于侨批业的产生和发展时期，其经营侨批业务的历史，可以从创办人王世碑涉足南洋"水客"开始算起。

据记载，王顺兴信局创始人王世碑因家里无田地可种，收入极为贫乏，生活困苦。他19岁（1851）便往厦门谋生，经友人介绍，在一艘走厦门和小吕宋（今菲律宾）的大帆船上工作。王世碑为人诚实可信，任劳任怨，常常帮菲律宾华侨捎带信件钱款回乡。一开始，王世碑只是为熟人义务传递，并不收费，但久而久之，王世碑的好名声渐渐传开，深得菲律宾华侨信赖，一些不认识的华侨也辗转托人请其传书，给予酬劳。后来，王世碑干脆辞了水手的工作，全职做了"水客"，专门负责运送侨批。

1896年中国设立大清邮政机构，侨批业开始纳入政府管理范围。王世碑瞅准商机，于1898年挂牌正式创办王顺兴信局，专营菲律宾侨批。《泉州市邮电志》记载：1898年，王世碑向大清厦门邮务总局"挂号"办理营业执照，在泉州新门外王宫村家中开设王顺兴信局。

当时，泉州地界尚未建立"邮政官局"，王世碑只能向厦门邮政总局申请登记，成为"代办邮政分局"。从此，王顺兴信局成为厦门邮政总局在泉州的一个"分局"，不但可以经办海外银信，还可以兼办国内邮政业务。王顺兴信局是大清邮政厦门总局最早设置在泉州的邮政代办所，显示出王顺兴信局的信誉与实力。

伴随着全球化浪潮的推动，海外交通也日益发展。大约在1900年，有了马尼拉与厦门之间的直达轮船，便捷的交通改变了以往侨批运送的时间和方式，侨批局送信，由原先的帆船改为用大型轮船作业，大约每半个月一班，既加快了往返的时间，也加大了侨批寄送的数量，整年下来，王顺兴信局的业务量较以往多出好几倍。

此时，王世碑已是暮年，将邮政的经营与管理权，交给两个子侄辈——王为针与王为奇。1912年，享年80岁的王顺兴信局创始人王世碑去世，业务顺利转接，借着时代的春风，王顺兴信局一天比一天兴旺。

在王顺兴遗址奇园的大楼里，摆放着一张低矮的木桌，上面嵌着一块大理石板，这是王顺兴信局用来整理华侨托运回乡银圆的桌子，也叫"敲银台"。当地老人说，王顺兴信局辉煌时期，数量众多的银圆经过海上、陆上的一路搬运、转送，不少银圆在这个过程中撞击、挤压变形了。当银圆运送至信局时，必须由专人进行敲击整理，才能发放到客人手中。这个人，当然是信局老板王为针了，于是，便有了王为针的敲银声。而附近的乡亲，一旦听到王家的敲银声，便知道又有海外的银圆已经运送到位了。于是，得到汇钱通知的客人，便纷纷前来领取。即便到现在，泉州王宫乡的老人们依旧流传着这样一句带有调侃性的口头禅："到王宫，没有听到王为针敲银的声音，肯定会走霉运的！"这句话虽然有点夸张，但足见当年王顺兴信局的经营盛况，绝对是空前的。

1928年，王顺兴信局因在经营中家资充盈，经过两年的时间，王为奇建造了一座由欧洲人设计的欧式别墅——奇园；而王为针也在另一边设计、建造了一座形似大船的别墅——船楼。2009年，两座建筑群被列入福建省级文物保护单位。

王顺兴信局创始人王世碑

兴与衰见证闽南侨批发展史

与天一信局设立自己的信局机构以扩大网络规模不同，王顺兴信局则以发展代理为主。虽然将国内总址设在泉州，但同样在厦门设立了分局，以廿四崎脚会文堂书庄为代理。这是因为早期厦门开埠后，成为国内外航运重要的港口地，大量侨批都是通过厦门进入国内。

厦门的廿四崎脚会文堂书庄，位于今棉袜巷21号，以印行锦歌、南曲等福建流行的"歌仔册"为主业。清末之后，会文堂书庄移到了今大同路305号。

每次，菲律宾王顺兴信局收取批信后，通过国际邮局将菲律宾侨批转寄到厦门信局，厦门王顺兴信局再将来件迅速转去泉州，并把泉州信局的回件迅速寄去菲律宾。从王氏家族的《阄书》《约章》等规章制度中，可以看出，王顺兴厦门信局起到一个很重要的中转作用，同时负责分发厦门全岛及鼓浪屿的信款。泉州信局则办理派送信款及汇兑事宜，当收到厦门信局转运来的侨批，立即把批信按派送线路（批路）分类，

王为针过六十大寿全家合影（图／翻拍《回望闽南侨批》）

同时从银行领取现金，配好家批和钱项，交由信差分发到各乡镇，最后将侨眷回文带回局里并转厦门，再邮寄至菲律宾马尼拉局。泉州—厦门—菲律宾，是王顺兴信局的批信线路，因此，与其他侨批信局相比，王顺兴信局的经营具有明显的地域性和跨国网络化特质。

王顺兴信局与厦门的渊源，远不止寄送侨批这么简单。事实上，在王顺兴信局最鼎盛阶段，两位当家人将业务延伸至侨批以外的多个行业。其中就包括在厦门鼓浪屿创办中华电灯厂；在厦门中山路"米斗"渡头向海外开设同济钱庄；又在同济钱庄旁开设太原汽车行，代理销售美国 Chiy Uen 牌各型车辆及零件。这些新兴产业的出现，为厦门的城市发展打下了一定的基础。特别是受海外市场经济的影响，王顺兴信局将海外各种先进的经营理念、经营方式和管理制度不断地运用在厦门这些产业上，也有力地推动了社会的进步与发展。

王顺兴信局发展最为兴旺的时期，是 20 世纪一二十年代至 20 世纪30 代的初期。据《晋江市志》记载，1936 年对王顺兴信局进行了查阅统计，该局 1930 年至 1935 年逐年银信含汇票业务量大银 100 万元，相当于每年收送银汇人民币 1 亿元。

但辉煌总是短暂的，1930 年闽南地区侨批业的发展达鼎盛时期，至此之后，侨汇数量逐年递减，侨批局停业之数与日俱增，侨批业整体发展已呈现下坡趋势。特别是当时受到世界性经济危机的影响，国际市场汇率波动起伏，导致国内外许多侨批局倍受牵连而倒闭破产。1935 年，王顺兴信局与大多数闽南侨批局的命运一样，由盛转衰，最终停业倒闭。

关于王顺兴信局倒闭的原因，有些研究王顺兴信局的学者认为由于当时闽南一带土匪猖獗，长期对侨批局进行敲诈勒索，王顺兴信局几次下来不堪重负，而致破产。据史料记载，王顺兴信局于 1923 年、1927 年和 1930 年 3 次在海内外遭受警匪敲诈、抢劫，损失巨大。最严重的一次是 1930 年，近百名土匪攻入奇园，打开银库，将储存的库银洗劫一空。而有些人认为是因为国际汇率变动，王顺兴信局的二代和三代经营者难以掌握汇兑市场规律而致。王顺兴信局带有"草根性"的小微金融属性，在当时动荡的社会中，却过多参与大银行的业务，长期从事投机倒把之事，缺乏制度性的管理和约束，一旦汇率大幅波动，就将不堪一击，最终逃脱不了停业的命运。

从一个人的"水客"到盘踞海内外三地的庞大信局，80 多年的兴盛后，王顺兴信局消失在历史长河中，但却留下了奇园、船楼，以及闽南侨批史上的一段佳话。它的存在，不仅是闽南海丝之路的发展史，更是一部亮丽的闽南华侨史。

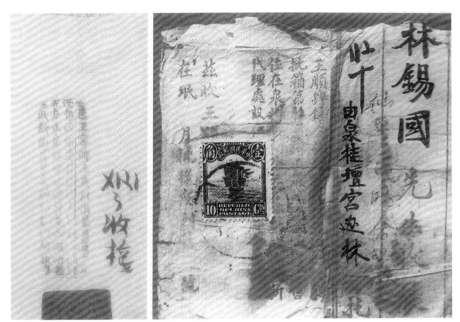

20 世纪 20 年代末，王顺兴信局回批封（图 / 翻拍《泉州侨批业史料》）

马尼拉—泉州两地王顺兴信局互寄的邮袋

王顺兴信局手提式侨批文书柜

跨越山海

　　厦门侨批海外主要收汇地是现在的菲律宾、马来西亚、新加坡、印尼。"十户人家九户侨"，海的那边，闽南华侨勤劳勇敢、勇闯爱拼、情系桑梓的感人事迹，以及留存下来的侨批弥足珍贵。

1931 年，居住在同安镏江顶后村的侨眷收到了在海外谋生的亲人的侨批，批封正面左侧写着的"叻"字，透露了这位华侨所在地为新加坡。"石叻""叻地"及"叻埠"这些指代新加坡的称谓，都是受各地华侨方言影响所衍生的词汇，这些词频繁出现在许多闽南侨批中，揭示了闽南与新加坡的联系之密切，同时往来于两地的侨批书信里，亦珍藏着许多新加坡华侨与侨批局的往事。

新加坡的再和成侨批局，原址新照（图/宋荣福）

消失的汇庄与新厦两地缘

文 / 郑雯馨

19 世纪至 20 世纪，来自福建、广东两地的大批华侨下南洋谋生。当他们来到异国他乡，往往会按地域形成不同的聚居地，诸如新加坡最出名的牛车水唐人街，便是福建人、广东人、海南人和客家人的聚居地。还有三条平行横街以海南命名，分别是海南一街、海南二街和海南三街，其中海南二街是有名的侨批一条街，百年前有多家汇庄，即侨批局在此营业，华侨在新加坡辛苦打拼挣到的钱，便是通过这些汇庄寄回家乡。

闽帮侨批局史

凭借贸易港口的优势，新加坡一直是东南亚邮政与贸易的中心，更是本区域最重要的侨批中转站。在侨批局出现之前，1847 年新加坡就有 1000 多位水客，他们往返中国和新加坡，替那些在狮城打拼的华侨把家书、银钱和物品带回侨乡。到 1887 年，新加坡陆续出现了 49 家民营侨批局，根据服务对象的原籍地大致分为福州帮、潮州帮、琼州帮、广东帮及客家帮，其中福州帮根据方言又划分出不同的帮系，而来自厦门、金门、南安、永春、海澄等以闽南方言为主的县市的华侨所经营的侨批局就属于闽南帮。这些民营侨批局在新加坡设立总局，同时在福建南部各主要城市设立分局。据相关统计，截至 1936 年，福建各地民信局共有 126 家，其中厦门数量最多，共有 84 家。

在这种跨国经营网络中，新加坡总局与福建各地分局建立联号或代

新加坡三盛信局原址的旧照

理的关系，厦门的侨批局正是凭借厦门的港口优势，主要负责代理闽南地区各县及福建其他地区各县的业务。在一封 1931 年 11 月由马来西亚太平寄往中国晋江东石（泉晋拾都）东埕乡的侨批背面，赫然盖有红色的"太平／大通局／振成代理"章以及紫红色的"石叻／大通局/5.NOV.1931/专理／漳泉金厦汇兑银信"章，表明这封侨批从马来西亚的太平寄出后，首先抵达新加坡的大通信局，之后寄送到厦门的一家名为"振成"的代理信局，经由厦门中转到最终的收件地。

在侨居地到侨乡这段漫长的邮路上，新加坡和厦门的侨批局就如同两座灯塔，为那一封封饱含爱国思乡之情的侨批保驾护航。然而随着侨批时代的落幕，新加坡的汇庄、厦门的侨批局旧址几乎都在城市建设的过程中消失了。当人们走在车水马龙的海南二街上，偶然瞥见一栋骑楼上方"三盛信局"的店牌，大多不解其意，或是将其视作一种历史的印记，往昔忙碌的汇庄早已变成一家洋溢着悠闲气氛的咖啡厅。

联通新闻的信局

尽管新加坡的汇庄已难觅踪迹，但它的过去依然留在一些人的记忆中。新加坡资深作家王振春一家曾在海南一街住了 30 多年，他写过一篇《海南人四条街的集体回忆》，文中提到："父亲在这条街做汇兑和客栈生意，一家人就住在店里。汇庄的隔壁是圣功学校，也是我的学校。"在他记忆中，当时新加坡的许多老街上总能看到汇庄的招牌，海南一街上有顺成隆、人信庄、锦和、林和记和会源丰，海南三街上有恒成、光亚和万合丰三家，还有一些散落在米芝律、桥北路、连城街等。譬如厦门收藏家陈亚元收藏了一封从新加坡寄往厦门同安马巷曾厝社的侨批，批封背面就盖有"新嘉坡福建街／林金泰汇兑信局"的印戳，从街名可知此处应是福建籍华侨聚居的地方，而林金泰汇兑信局应该也是主要服务闽侨的闽帮侨批局。

当然汇庄数量最多的还是海南二街，三盛、南兴昌、福兴公司、南同利、四宝文、泰南隆、协和、鸿安、普天、富裕、南方、丰盛合记这12家汇兑信局林立于街道两旁的骑楼。在王振春生活的那个年代，这条街总是热闹异常，尤其是临近春节、中秋等中国传统节日的时候，众多华侨蜂拥而入，在各家汇庄、信局里郑重地寄出侨批，通常寄一次侨批就要花费一二十块坡币。对海外的华侨而言，他们既期待这份寄托着思念和银钱的书信能够顺利送到侨乡亲人的手中，让亲人能够过一个好年，也盼望能够早日收到亲人的回信，获悉家乡的近况。如今这条街已经变成美食街，原本写在骑楼墙上的店招、广告语几乎被粉刷一新，林立于街道上的也不再是汇庄，而是一家家飘着食物香气的美食店，吸引了不少市民和游客。

从小在汇庄长大的王建春，总是好奇地望着这些进出汇庄的身影，有些感人的瞬间深深烙印在他的脑海中。他对厦门卫视《南洋家书》摄制组说起一个故事，"有一个老水客，他大概70多岁，姓梁的，快要回唐山的时候他很兴奋，几天前就很兴奋，那一天刚好要下船，老人家忽然间中风了，就倒在地上，我父亲就马上送他到医院去，他已经出冷汗了，还可以讲话，他讲起他的家人，他一心只念着他的家人，想回去啊，他永远回不了。"无论是否事业有成，许多华侨最终的心愿都是落叶归根，然而有些人能够荣归故里，有些人则贫困交加，连一张回乡的船票都成了奢望，只能在侨批里向亲人吐露心中的苦楚，还有像这位水客这般令人唏嘘的结局，汇庄和信局背负着两地亲人的联系，同时也见证了海外华侨群体太多的悲欢离合。

林瓈利的侨批家情

对新加坡厦门公会永久荣誉会长林瓈利来说，那些家传的侨批不仅记录了她母亲坚强不屈的经历，也深深影响了她的一生。1943年，16岁的新加坡华侨少女刘玛妮与年轻的侨商林荣宗喜结良缘。1946年，丈夫带她和一岁大的女儿乘船回泉州探亲，不曾想婆婆以媳妇都要留

林璿利的父亲林荣宗和母亲刘玛妮于 1943 年
2 月 16 日在新加坡成婚（图／林璿利提供）

林璿利（左）与母亲在新加坡的合影（图／林
璿利提供）

家的习俗，阻止她回新加坡，丈夫不敢违逆母亲，只能孤身一人返回
南洋。刘玛妮也被改名为刘琼美，她在婆家饱受虐待和冷嘲热讽，唯
一的慰藉就是丈夫和娘家亲人从南洋寄来的侨批。1948 年，林荣宗回乡，
这一次他决定将妻儿一同带回新加坡，岂料因为他带回的贵重物品引
来了无妄之灾。一天深夜，土匪上门抢劫，一枪打死了林荣宗，此时
已怀有身孕的刘琼美悲痛不已，她生下女儿林璿利之后，选择投身革命。

　　在林璿利的记忆中，家里总能收到新加坡的三叔寄回的侨批，信中
会特别提到"其中多少钱是专门给养小璿利的"，因此她一直很感激

三叔对自己的照顾："家乡的叔叔婶婶轮流照顾我，后来三叔还帮我申请过番去新加坡。"去了新加坡就要和母亲长期分开，林瑽利心中十分不舍，但母亲却很赞同，也许是因为自己的一生坎坷，她更加希望女儿能受到更好的教育，有一个好的前程。

林瑽利到新加坡后，一直通过书信与远在泉州的母亲刘琼美保持联系，时常还省下自己的零花钱寄给母亲。她们母女往来的通信有 200 多封，字字句句都体现了母亲对她的谆谆教诲，以及她对母亲的思念与敬佩。她曾在信中说："我自懂事到现在，在心中产生了对你无穷的敬爱，我好想亲近你，倒在你的怀中撒娇。"还对母亲倾诉自己担忧得不到毕业证书的心情，母亲则写信安慰她说："取得文凭，是证明学历，作为继续升学或就业的重要条件，但你应该把它作为一种手段，而不要当为目的。求学的目的，应该是为取得正确有用的知识……除了课本学习，还要多接触社会劳动群众，了解人们是怎样生活。"

母亲的鼓励与为人处世的智慧深深影响了林瑽利，她以一名在家买卖飞机票的家庭主妇起步，带着"寻根团"游中国，开始了她和旅游业相关的工作。1985 年，林瑽利邀请 3 名股东以 10 万元新币接手一家以买卖机票为主要业务的旅游公司，并改名"金航"。如今金航已发展为国际集团公司，位列新加坡中小企业 500 强，林瑽利也因为对中新双向交流的贡献，荣获了有着新加坡旅游业"奥斯卡"之称的"杰出旅游业企业家奖"。从家庭妇女到中新文化交流的使者，她以坚持、坚定、不屈的精神在社会上发挥着广泛而深厚的影响力。

有"千岛之国"之称的印度尼西亚，众多岛屿上都散落着华侨华人的足迹。早在 18 世纪 80 年代，印尼吧城（今雅加达）华人公馆的《公案簿》就有印尼侨批的相关记载，那些经由不同"水客"往返中印两地的侨批，诉说着一代代印尼华侨在异乡奋斗拼搏的历史，即便在一些历史特殊时期，他们依然通过侨批表达了对家国割不断的情。

铭记历史，留住闽侨记忆

文 / 郑雯馨

印尼泗水华侨所捐建的新希望中专的学生们正在上音乐课（图／宋荣福）

一张厦门正大信局海外分庄的广告单上，两侧分别描绘了一艘劈波斩浪的轮船和一架投下无数信件的飞机，信件飘落在中国地图上，其中一封上面写着"祖国各地银信"，另有"资格最老、信用最著、汇价最公、回文最快"的广告语。总部设立在厦门的正大信局鼎盛时期在海外设有37家机构，甚至连印尼的梭罗、孟加锡等小地方都设有网点，因为这些地方也有闽籍华侨聚居，信局令他们与侨乡亲眷得以保持联系。

厦门批局与印尼

1948年，一封从印尼巨港寄往安溪的侨批上，印着"高隆兴汇兑船务出入口商"和"厦门正大汇兑庄"，前者为收批机构，后者为侨批解付局之名。虽然这家"高隆兴汇兑"并不属于厦门正大信局的海外收批机构，但它却是通过正大信局才最终转至安溪。作为一家在闽南地区较具代表性的信局，厦门正大信局既可直接对外收汇，又综合兼有二、三盘业务。它的海外网络涵盖了巨港、棉兰、泗水、小吕宋等东南亚各大埠头，国内网络则几乎涵盖了闽南地区的主要侨乡，正因有这样的信局，人们能看到许多旅居东南亚各地的华侨与侨乡的往来，其中不乏分散居于印尼各大小岛屿上的闽侨。

1937年，身处印度尼西亚垅川的华侨黄添培给漳州的母亲寄去一封侨批，信中提到，"近日探悉咱方抽调壮丁卫土，未知咱方训练壮丁如何"。此时正值中国抗战之际，他对祖国的时局十分关心，更言及希望多寄钱回国支援抗战，无奈彼时的南洋也是"百业冷落"，他为自己无力多寄钱财而自责。另有一封1946年从印度尼西亚峇眼亚比寄往福建南安的侨批，写信的华侨十分担心母亲的安危："兹因日寇南进，家音断绝，三四年未悉家中如何，甚为挂怀。自和平以后，经有寄回二信，国币叁万陆千元，不知何故无接复示。兹有邮便，再付呈国币壹万伍千，到即查收复示。"抗战时期，中印两地的邮路一度中断，他已经有三四年没能收到家乡的消息，于是抗战一结束便立即寄出了这封侨批，期盼得到家人平安的消息。

在战火纷飞的年代，侨批更显得弥足珍贵。印尼雅加达南安同乡会主席高景源在 2023 年"印尼——中国泉州侨批文化交流论坛"上分享了家族与侨批的故事，他说："我们高家南渡印尼有 100 多年历史，祖父辈亲历了抗日战争的烽烟。听家人说，那时，从印尼往家乡寄信，过程十分艰难。中华人民共和国成立前夕，还发生了严重的通货膨胀，寄出的信件有时即使贴满邮票，也可能在过程中因为货币贬值、邮资不够而无法送达。但无论过程如何曲折，我们始终没有断了和家乡的联系。"他细心收藏着 20 世纪三四十年代祖父辈与南安侨乡亲眷的往来侨批，是为了告诉后代子孙，不要忘记先辈们下南洋、报桑梓的故事。

从印尼到中国

在印尼华侨吴宗铨的记忆中，"中国"和"泉州"是父亲最常挂在嘴边的词语，他出生于印尼泗水，这些词语对年幼的他来说，是一个非常遥远又模糊的故乡概念。20 世纪 60 年代，印尼发生排华、反华动乱，父亲毅然决定将 16 岁的吴宗铨送回泉州老家。在接受厦门卫视录制的《家书抵万金》短片采访时，他回忆起自己初次踏上中国土地的感受，"我们坐了十多天的海船，终于在汕头靠岸时，正好是十月一日国庆，当时跟我一起回来的很多年轻人都听到了中国的国歌，看到升起的五星红旗，突然眼泪就流了下来，心里非常激动，知道自己回到老家了。"

走下码头后，吴宗铨和一些归侨青年被安排到厦门集美的华侨补习学校，他在那里学习中文，同时了解中国文化。后来他因为身体优势，以篮球特长生的身份被华侨大学录取，成了一名大学生。还未等他将这个好消息传回印尼，却收到了姐姐寄来的一封侨批，信中说，父亲因为疾病和对时局动荡的担忧，在吴宗铨离开后不久就去世了。"那时候我哭得死去活来，我没有想到，仅仅分别了几个月，我就失去了至亲。"幸而家中的哥哥担起了家庭的重担，他也没有忘记远在泉州的弟弟，频频寄来侨批，那些丰厚的生活费让吴宗铨能够专心学习，免去了生活上的后顾之忧，那一封封家书也饱含分隔两地的亲人对彼此的挂念和牵绊。

即便在印尼当局严禁当地华侨往中国寄送资金的时期，吴宗铨的哥哥依然想尽各种办法寄钱。"一个季度汇过来的大概就几百块，甚至一两千都有。哥哥还送了一部摩托车、一辆脚踏车和一台收音机给我。"忆起收到这些礼物的场景，吴宗铨言语间充满了对哥哥的感激之情。当他顺利从大学毕业，被分配到漳州军垦农场工作后，哥哥的侨批并没有中断，而已经开始领工资的吴宗铨也会在自己能力所及的范围内，资助泉州的亲戚。"我当时的工资是 37.5 元，能满足自己的生活，还能补贴一些给泉州的舅舅、外祖母。"从上学到工作，以及后来结婚生子，吴宗铨在中国生活了 14 年，1974 年才回到印尼泗水定居。他人生中非常重要的一段经历，始终与侨批息息相关。

弘扬华文教育

巴厘岛上的巴厘努沙杜瓦剧场是印尼第一个综合剧场，定期举办展现印尼群岛民族艺术的演出，这座剧场的创始人是印度尼西亚华侨廖彩珍、施柏松伉俪，廖彩珍不仅与丈夫开创了一片商业版图，本人更是印尼当地有名的华文作家。在她自己看来，能够与文艺结缘，与她从小接触侨批的经历密不可分。

廖彩珍出生于印尼，她的父辈则来自泉州安溪官桥镇上苑村。"我父母是 20 世纪 30 年代从中国安溪漂洋过海到爪哇岛，我就出生在爪哇岛东边的一个小镇上。"廖父曾在厦门集美求学，深受中华文化熏陶，因此他十分重视对子女的华文教育。廖彩珍从小就在父亲的指导下，认真学习中华文化，打下了扎实的中文功底。在她记忆中，父母时常在家中伏案写信，后来她才知道，那是写给远在家乡的亲人，往往还会随信附上钱款。"大概十三四岁的时候，妈妈看我也能写很多字了，就让我提笔研磨，帮他们写侨批。"于是在廖家的桌案上，少女廖彩珍握着毛笔，

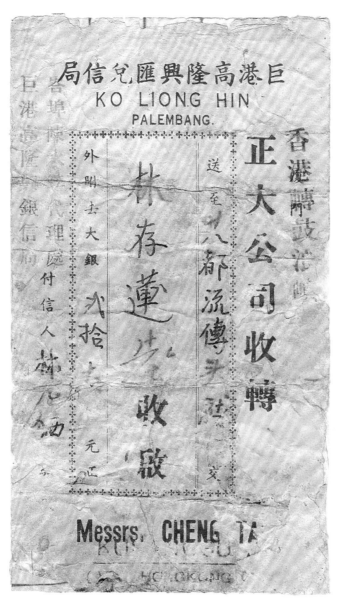

由印尼巨港高隆兴汇兑信局经香港，鼓浪屿寄漳州流传头庄的林存莲侨批封（图/陈亚元提供）

一笔一画地写下母亲对亲人的问候，"写到某位亲戚住在永春县的哪个地方，我就在心里默默记下那些地址。1973 年回泉州时，我才真正地把地名和实际地方联系起来，对家乡土地的概念就更清晰了。"

至于从家乡寄来的回批里，廖彩珍读到那些素未谋面的亲人的温情问候，此外更令她在意的，是字里行间显露出生活的艰难："谁生病了，或是遇到什么困难了，我写的时候，就要特别说明，比方这次寄去 1000 块，其中 100 块要给谁，100 块要给某位嫂子或舅舅之类的。"正因如此，当廖彩珍回乡探亲时，会格外关注是否有合适的投资创业机会，想要尽自己的一份力，促进家乡的发展。

廖彩珍不仅帮父母写侨批，还帮助不少印尼当地的华侨代写家书，除了地名，她还从侨批中了解到有关故乡的地理、家族、宗亲、文化等方面的知识。代写侨批的经历更让她感受到语言和文化的重要。印尼排华时期，公共场所甚至不允许出现华文，许多华文书籍惨遭焚毁，廖彩珍就读的华文学校也被迫关闭，但她对华文的热情并未因此消减，而是抓紧一切可能的机会读书，也因此走上了撰文创作的道路。她与丈夫施柏松始终坚定弘扬中华文化的决心，除了让子女接受华文教育之外，更是通过捐资助学、创办艺术机构等方式，在中印两地弘扬中华文化。正如廖彩珍在故乡的《安溪报》上刊登的《绿叶对根的情怀》一文中所说的："我们将自己作为中华文化在印尼的继承者，同时也是印尼文化的传承者，是两国民间和平使者及文化使者。"

在菲律宾的华人群体中，约有80%的人祖籍地为福建，其中绝大多数又来自晋江。尤其是19世纪之后，敢于冒险的闽南人掀起了下南洋的高潮，有些华侨荣归故里，有些则留在菲律宾，开创了自己的一番事业。其中不少华侨在菲律宾创办侨批信局，专营寄往晋江的侨批业务，通过往来菲律宾与闽南的侨批，牵起了两地延续百年的交流。

菲侨归厦，助力侨乡换新颜

文 / 郑雯馨

鼓浪屿番婆楼是当年南美信局分支机构住所。菲律宾华侨许经权于1918年在厦门投资创办南美信局，开办侨批业务

20 世纪初，随着到港汽鸣笛声响起，一艘从菲律宾启程的"泰山号"轮船稳稳停靠在厦门港口，一个个装满了侨批的信袋被船工带下船，交由等候在码头的专人运送至批局分发。在厦门各家批局，众多办事人员正在迅速分拣出厦鼓地区和周边地区的侨批，随后一面向银行领出现金，一面分拣要发往闽南各地侨批，这一忙碌的场景几乎每日都在上演，尤其逢年过节更甚。在从菲律宾到晋江的邮路上，分设于厦门的分局就扮演了重要的角色。

从批局到银行

在永远人头攒动的八市沿线，一些狭窄得仅能容纳单向道的小巷子，往往藏着厦门过去的历史，其中有一条名为"打铁街"，顾名思义其曾是厦门打铁店铺的集中地，因其通达旧时厦门港口海岸，往来的船舶停泊后，需要新造或修理船锚、船钉、铁链等铁器，都会来到此处。如今这里已不见铁铺的踪迹，而是作为八市的延伸，出现了众多摆摊的小贩，吆喝声此起彼伏。原先位于打铁街 124 号的建南（汇兑）信局也没有留下任何痕迹，难以想象，曾经有多少来自菲律宾的侨批在此流转，最终抵达闽南各侨乡。

创办建南（汇兑）信局的华侨吴道盛祖籍晋江，1912 年远赴菲律宾谋生，起初他在马尼拉找到的工作，就是在同乡开办的鸿发信局任学徒，积累了有关侨批汇兑业务的经验后，1928 年吴道盛与另一位祖籍晋江的华侨王光才在马尼拉的王彬街创办了建南信局，同时在厦门设立荣和信局和建南（汇兑）信局，建南信局以经营菲律宾地区的侨批为主。据泉州市民营侨汇机构经办侨汇统计，1938 年，建南信局 25 万元国币，全由菲律宾汇入，当年整个晋江由外洋汇入的总额为 405 万元，建南信局约占 6%。1938 年因厦门被日军攻占，大多数侨批信局迁往鼓浪屿及厦门周边地区，建南信局则是迁往泉州，此时建南信局开始兼营菲律宾、美国、上海三角汇兑业务，为侨批同业调拨侨

听说厦门派来了《南洋家书》摄制组，热心的马尼拉警察与当地华侨协助摄制组找到了当地的侨批局遗址（图／宋荣福）

汇头寸。抗战胜利后，曾经一度因战争中断的侨批业务恢复，侨批业迎来了发展的高峰期，建南信局凭借多年积累的信誉，其业务更是远超战前。

随着侨批时代的谢幕，海内外大多数的侨批信局陆续停业乃至消失，但依然有部分侨批信局曾实现转型，甚至延续至今。吴道盛从1948年便开始筹备事业转型，他在马尼拉筹建了建南银行，并先后在菲律宾各地开设了27家分行，1983年还在厦门设立分支机构。直至2006年，菲律宾建南银行在菲律宾商业银行中资产名列第二，拥有700家分支机构。从侨批信局到银行，建南信局的蜕变是侨批业发展的一个缩影，展现了以吴道盛为代表的闽商独到的国际化视野，推动福建乃至东南亚金融行业的多元化与国际化，吴道盛自己也成为菲律宾金融界举足轻重的人物。

延续侨批新传

对祖籍同安莲花镇的菲律宾"漳厦龙同海总会"永远名誉主席叶金强来说，他对侨批最初的印象与父亲有关。他告诉厦门卫视《家书抵万金》摄制组，他的父亲早年到菲律宾经商，总是按时寄侨批回家。"寄回来的有钱和信，那个纸张是一寸宽，两寸长，你写简单的几个字，收到了什么，问候这些，每个月都有，不会中断。"因为父亲的侨批，叶金强的童年生活相较于同龄人更为优渥，尤其父亲每次在信中特别提到，有10块钱是给儿子的零花钱，"那时一大堆小朋友都跟我在后头，我用零花钱买点糖果跟他们一起吃。"叶金强笑着回忆道。

长大后的叶金强也前往菲律宾从商，成为父亲的得力帮手，同时他也接过父亲的重担，继续给家乡亲眷寄侨批。然而起初他的收入不算高，既要考虑家乡亲人的需求，又要保障自己的生活费，最后往往捉襟见肘："我当时只能够寄30块钱回去，而且要月底才能寄，剩下给自己用的生活费只有20块比索。可我还是要寄侨批回去，不然家里的生活要怎么维持呢？"那时候他才发现，不仅自己幸福的童年是父亲省吃俭用换来的，许许多多在海外谋生的华侨也是尽力多攒下钱寄回乡，看似薄薄的一封侨批，道不尽他们在异乡打拼的艰苦，以及对故乡和亲人的深厚情谊。

正因如此，即便在侨批寄送遭遇阻拦的时期，包括叶金强在内的诸多海外华侨依然绞尽脑汁地寻找各种方式寄侨批，他回忆道："当时菲律宾还没跟中国建交，我们寄钱都要偷偷寄，绝对不能写金额。然后要跟老家的人对暗号，好像福代表一，建代表二，春代表十，夏是百，秋是千，冬是万。"为此叶金强还特别举例，假如信上写："某某人，福春给你一封信有收到了吗？"翻译过来就是，给你的十块钱有没有收到。这些有趣的暗号，展现了彼时华侨的智慧。

叶金强靠着自己的聪明才智和勤劳肯干，终于在菲律宾做出一番事业。不仅拥有菲律宾金富贸易公司、菲律宾恒顺贸易公司等多家公司，

菲律宾仁和信局格式化信笺（马尼拉寄往厦门批信）（图／洪卜仁提供）

还担任GONZALO CALLANO公司董事长、菲律宾漳厦龙同海总会永远名誉会长、厦门市海外交流协会常务理事等职。虽然定居菲律宾，但叶金强始终心系家乡，几乎每年他都组团回同安莲花镇，对家乡日新月异的变化由衷地感叹，同时也积极寻找商机，看是否有合适的契机投资兴业，为家乡发展做贡献。

助力侨乡建设

行走在厦门的大街小巷，时不时会发现不少冠以"华侨"或"华"之名的建筑物、街道或机构，譬如中山路与鹭江道交汇处的华侨银行、中山公园后的华新路曾名为华侨新村，还有新华路口的华侨大厦，这些名字代表了华侨、归侨对厦门发展及建设所做的贡献。位于同安路 1 号，毗邻厦门实验小学的华菲大厦同样与华侨有关，其投资人之一是菲律宾华侨林玉燕、唐文良伉俪。虽然这座建于 1995 年的大厦的外观已经染上岁月的痕迹，但"华菲大厦"四个金色大字依然在阳光的投射下闪耀着光芒。

敦亲睦族、情系桑梓是侨批所流露的最明显的情感，也是众多海外华侨拼搏的动力，纵然当年的侨批已发黄甚至残损，他们对家族乃至侨乡所做的一切至今依然有迹可循。对同样出生于华侨家庭的林玉燕来说，敬奉桑梓也是一封封侨批带给她的影响。"我爸爸从前在香港打工，每个月都会寄钱去给我的祖父祖母，祖母祖父分给我妈妈、我的二婶、三婶是一样的。我就问我的妈妈，钱是我爸爸寄的，我们四个兄弟姐妹，我们人多啊，祖母这样分起来不公平。妈妈说不可以说，不可以问。"

闽南侨批作为侨乡家庭观念的产物，其根基正是联结华侨华人家庭成员的血脉亲情，幼时的林玉燕虽然还懵懵懂懂，但父亲敦亲睦族的品德深深影响了她。长大后，她嫁给了菲律宾华侨唐文良，夫妇二人共赴菲律宾打拼，他们先后创立了虎豹地产发展有限公司、燕房企业发展有限公司。第一次陪同丈夫返乡探亲的经历，林玉燕至今依然印象深刻："我记得当时穿了一双意大利的鞋子，结果到我丈夫的老家唐厝村时，发现村里还是很穷，连路都还是泥土路，我走了一路把鞋子都弄坏了。"当时林玉燕就暗下决心要助力家乡建设，他们夫妇捐资修建了唐厝小学育英楼、良燕教学楼、幼儿园大楼和 1000 多平方米的文玉楼大礼堂、村灯光球场。身为经商者，他们还将目光投向厦门，感到在厦门投资房地产的可能性，他们选择与另一位合伙人合资投建了 24 层的华菲大厦，当年林玉燕夫妇二人还专程从菲律宾赶来，参加大厦的封顶仪式，这是他们在厦门的首次投资，也是林玉燕在厦门留下的最深的印记。

100多年前，一批批从中国闽南沿海地区的港口出发、在航船上忍受多日风浪的颠簸，最终抵达东南亚各国谋生的闽南人当中，还有一个因"下南洋"大潮而诞生的群体——水客。他们带着海外华侨要给家乡亲眷的侨批和物品，随船期往返闽南与南洋，在那个通讯尚不发达的时代，成为维系海外华侨与国内侨眷情感联系的特殊信使。

水客：跨山越海两地书

文／郑雯馨

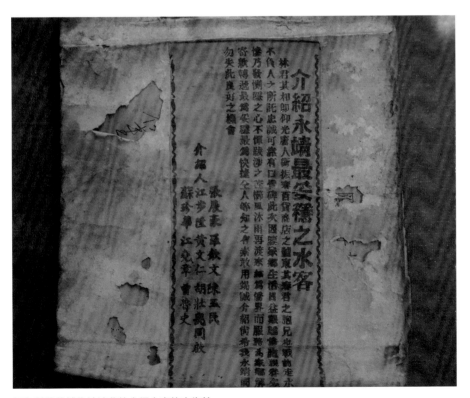

百年鼓浪屿博物馆馆藏的介绍水客的广告单

词语是有生命的，尤其是那些在特定历史时期被创造出来的词汇，它们曾经频繁地出现在人们的生活中，而后逐渐连词典都不再收录。它们从诞生到消逝的过程，是一个群体、一个行业乃至一个时代的落幕。恰如"水客"一词，如今显然被归为"生僻"的范畴，毕竟与它息息相关的侨批业早已走入历史，这个群体的面貌也模糊不清，我们只能从零散的侨批、水客的后人及史料记载里拼凑出那些乘风破浪的身影。

从走水到创业

在百年鼓浪屿博物馆内，收藏了一张特别的"职业介绍信"，主题是介绍永靖最妥稳之水客，信上写道："林君其相即仰光唐人街振春百货商店之号东其春君之胞兄也。战前走水不负人之所托，忠诚可靠，有口皆碑。"文末还附上9位介绍人的名字作为担保。另一边的展柜内则摆放着几件侨批包和侨批篮，凭借这些物件，观者脑中大致能拼凑出水客的形象：一位青年背着装南洋华侨准备寄回家的侨批的布包，登上一艘开往中国的帆船，在海上颠簸了多日后，他终于在厦门港的码头下了船，紧接着马不停蹄地赶往闽南的乡村，大厝门前早已站着翘首以盼的侨眷，她们满怀欣喜地接过他手中的侨批，那位青年稍作寒暄后，又立即赶往另一家，直至包中的侨批都顺利送达，这趟"走水"才算圆满完成。

所谓水客，即往来于国内外为海外华侨代送信件和钱款的人。因为下南洋的华侨时常需要给家乡的亲人寄去银钱、物品及家信，而他们又无法频繁回乡，故而便拜托那些准备回国的同乡捎带侨批，久而久之便诞生了水客这一特殊职业。水客一开始凭借代送服务收取佣金，之后一些水客会先用华侨要寄回的银钱在南洋采办货物，回国后变卖所得的款项再分发给侨眷，他们也凭此积累了最初的资本。随着厦门港不断发展，海上交通日趋发达，帆船到轮船的改变，使下南洋的华侨数量日益增加，代送侨批的需求也逐渐扩大，水客和兼营收解侨款的商户开始联合起来，利用商户信用和水客的网络，进一步成立专门为侨胞递送侨汇、信件的企业，这种企业就称为"侨批局"。

创办于 1880 年的天一信局，是中国邮政史上有记载的第一家民间国际邮局，亦是规模最大、分布最广、经营时间最长的早期民间侨批局。最辉煌时期，天一信局南至香港、北至上海共设有 9 个分局，国外的分局则达到 26 个。天一信局创办人郭有品最初也是从一名水客做起，凭借诚信勤快的品质积累了一定资金和资源才开设了侨批局，他本人也从水客转变为客头，乃至广为人知的一代闽商。郭有品及其后代经营者逐步建立起一整套批银揽收、承转交接、委托分解、资金调拨的经营机制，为后来的侨批业经营奠定了基本模式。

诚实守信为根本

"从南洋回国，一叶孤舟，在一望无际的大海中，逐浪漂泊。由此不难想象途中艰辛。一次，一个叫宋质的水客搭帆船回国，途中被惊涛骇浪漂至一个孤岛，无依无靠，每日仅靠几粒花生米维持生命。他为此一度发誓过了 49 岁就不再当水客，事实上，年过五旬后，宋质依然奔波于泉州与南洋两地谋生。"这段文字中提到的水客宋质，是厦门卫视纪录片工作室主任宋荣福的高祖父。他记得小时候，奶奶时常跟他说起高祖父当水客的经历，只是对年幼的他来说，那些更像是一个个遥远的故事。后来他进入传媒行业，因工作的原因接触到侨批，无意间看到的这段文字，那些故事突然变得鲜活起来。

在宋荣福印象中，高祖父大致从清同治年间开始从事水客这一职业，除了递送银钱和书信之外，有时也会帮忙带物品回乡。他印象最深的是一则关于高祖父诚信的故事：某一年春节将至，一位海外的华侨托宋质带一些过年用的物品回乡，因为是第一次找他寄送，华侨事先在其中的一匹红色布料头尾两端分别画了一个小圈圈，"这是预防水客偷偷裁掉布料或调包，那位华侨还特地在信中提醒家人检查。"宋荣福解释道。当宋质顺利将物品送到，华侨的家人没有在布上发现小圈圈，当即就找宋质理论，他虽然不明白怎么回事，但还是照价赔偿给对方。

过了一段时间，那位华侨发现妻子有一条画着两个圈圈的红头绳，一问才知道，当初他的妻子临时找不到头绳，就顺手从那匹布上剪了一条用。得知错怪了宋质，华侨专程上门向他道歉，并写信给家乡的亲人告知原委。在宋荣福看来，"做水客最重要的就是诚信，我高祖父就是因为长期积累的好信誉，才有很多人找他带侨批和实物"。有了一定积蓄后，宋质也曾经开办过一家批信局，遗憾的是批信局早已不存，宋荣福也没能找到关于它更多的资料，但是对他来说，高祖父的事业已经深深影响了他们家族。"高祖父有钱后，很注重对后代的教育，他送我的曾祖父宋渊源出国留学，我曾祖父参加了同盟会，后来担任闽南宣慰使，统领闽南各地民军。"先辈的这段经历，对宋荣福制作《南洋家书》这部纪录片也产生了很大的影响。在他及团队在海内外采访、录制的过程中，随着对侨批的深入了解，高祖父的形象亦渐渐清晰起来。

爱拼敢赢的思乡人

曾经活跃在闽南及南洋的大多数水客并没有在历史上留下较多的记录，仅有的只言片语都在后人的讲述及那些侨批里。譬如早期水客带回来的侨批信封上，往往只有寄批者写的收批人名字、地址及批银数额，后来一些水客会委托有经营许可证的批局代寄回国，他们回国后再领取并投送到收批人手中，因此有些侨批信封上会盖有人名戳记、列字和编号。还有些批封上盖有帮号，这是因为水客的业务有大小帮之分：例如春节、中秋、端午等重要节日，华侨会多汇钱回乡，这一时期分送的侨批数量较多，被称作"大帮"；其他日子寄送侨批的数量较小，故而称作"小帮"。

晋江沿海一带曾流行这样一首歌谣："客头行厦门，批脚来就问，番银一下来，大厝起相排，帆船十八只，大厝砖仔壁，侨汇到一单，较好农事收一山。"生动描述了水客这一职业对侨乡的意义。除了寄送侨批和物件，水客还兼营招工，即带领新客下南洋，为其介绍相应的工作，

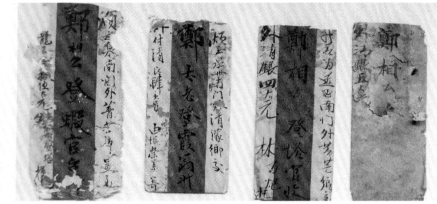

下图为 4 封从 1904 年至 1908 年由捷鸿、黄仲万信局的水客经办的携带封

甚至还为家贫的新客垫付旅费，因此他们又被称作"客头"。曾有一位来自晋江王宫村的王世碑，他因为家贫很早就前往厦门谋生，在往来厦门及菲律宾的客船上做船工，因为他对往返两地的华侨很照顾，又时常受同乡所托帮忙递送侨批给侨乡的亲眷，久而久之声名远扬，越来越多人请他帮忙寄送侨批，并表示愿意多付酬劳给他补贴旅费。最终王世碑辞去船工成了专门的水客，后来又兼带新客，赚取的酬劳颇丰。

王世碑的经历体现了水客职业的几大特性：其一是重信誉，只有诚实守信、将华侨或亲眷所托之物如实送达之人，才能获得好口碑；其二是乡族关系，水客一般都是从代送同宗同乡的侨批开始做起，正因他们对本乡了如指掌，才能顺利地将侨批送到侨眷手中，哪怕是偏乡僻壤也能够找到。而且同乡的关系也更有利于他们与华侨建立更密切的联系，华侨也放心将重要物件托付给他们。除此之外，有意从事这一行业的人，还必须有敢于拼搏、不畏艰难的意志，因为从南洋到中国的航行过程充满了无数未知的风险，尤其在木帆船时代，不少水客都曾经历惊涛骇浪、九死一生的危险境地。从水客可以看出闽南文化的海洋性，即敢为天下先、爱拼敢赢的精神，同时浓厚的乡土情结促使他们信守承诺，并为侨眷提供代写书信等服务，他们在近代百年闽南侨批业的舞台上，展示和诠释着闽南传统文化。

在跨越了一个多世纪的侨批史当中，人们会被一封封饱含家国情怀的侨批所感动，会对那些曾经辉煌一时的侨批信局充满好奇。这些亮点的背后，有一个名为"批脚"的群体的故事，同样值得人们探究。他们的人生际遇，同样是这段漫长历史中动人的闪光点。

批脚：从过去而来的信使

文／郑雯馨

批脚，即侨批派送员，是整个侨批系统链条中最基本，也是最为烦琐、忙碌的侨批职员

厦门鹭江道上的大清一等邮局周边总是人头攒动，举家出游的市民，抑或来自全国各地的游客偶尔会好奇走进邮局，从解说里了解这座象征中国近代国家邮政开端的建筑的前世今生。鲜少人会将目光投向建筑旁的那条小巷，不经意地一瞥，也只看到几位老人围坐在一张小茶几上，慢悠悠地喝茶话仙。殊不知，这条巷子里也曾经存在过一家侨批局，它见证的是闽南与南洋之间长达一个多世纪的来往。

以诚信为重

海后路 48 号，从前源兴信局的所在地。这个在地图上并不起眼的地点，恐怕只有对闽南侨批感兴趣的人，以及曾经在信局工作的人才具有特别的意义。当年迈的林清溪再度走进这条巷子，即使周遭的环境已截然不同，他依然记得年轻的自己每天是如何沿着同样的路线，走进热闹忙碌的源兴信局，整理好自己负责的联单，根据上面的地址、收款人、汇款人以及寄汇金额，重新包装后，送抵一家一户。

像林清溪这样的人被称作"批脚"，即侨批局中负责派送侨批的人员。19 世纪中叶，闽南地区大批华侨前往东南亚各国谋生，出于往家乡寄送钱款、书信及物件的需求，水客这一特殊职业应运而生。然而随着下南洋谋生的华侨人数日益增长，仅凭水客已经无法满足庞大的寄送侨批需求。大约 19 世纪 70 年代，一些有名气的水客陆续开办侨批局，经营侨批业务。此后各类侨批局、批信局、汇兑庄如雨后春笋般出现，譬如厦门最早的侨批局是光绪三年（1877）永春华侨开办的黄日兴信局。据统计，1882 年的厦门就设有 23 家侨批局，至 1937 年厦门得到邮政总局颁发许可证的侨批局就有 114 家，逐渐形成了以厦门为中心的侨批网络，其经营范围辐射整个闽南地区。

当侨批随船抵达厦门各侨批局之后，就会安排批脚进行派送。一般情况，侨批局按照 1%～3% 收取手续费，批脚的工资也是根据所在侨批局的利润来计算。因此在当时，批脚算得上是一份不错的工作。据林清溪回忆，他中学毕业后，经人推荐进入源兴信局工作。"当时对批脚是有一定要求的，主要就是品行端正和诚实守信，一般都要一位有信誉的人举荐才可能当上批脚。"入行后，他主要负责禾山片区侨批的发放，当时他从海后路出发，要先坐船到禾山，下船后还要骑自行车，有些地方车无法通过，就要靠步行。从业多年，他走遍禾山乡的每一个角落，熟悉厦门岛的侨眷、侨属及侨友。相较于如今的快递员，批脚的工作显然更加艰辛，他们常年徒步行走于大街小巷，或是深入偏僻乡村，有时侨批上含糊不清的地址，意味着他们要多跑好几趟才可能将侨批送到侨眷手中，如此看来，"批脚"这一名字取得可谓十分形象。

侨乡的期盼

不少侨批局会在批封后面印上这行字"此笔侨汇本日专人派送，请保存此信封以备查考——第八号启"，侨批当日专人送达，是批局的承诺。可以说，批脚是整个侨批系统链中最基本最烦琐忙碌的一环，尤其是闽南侨批业发展最为鼎盛的时期，大量侨批从南洋寄回厦门，各家侨批局就要马不停蹄地进行汇率换算、登记和分类，可以想见一名批脚每日的送件量必定不少。早期侨批主要附带的是银钱，批脚在出发前，会先将银钱和信件分别包装好，把银钱一一缠在腰间，有时带在身上派送的现金多达几万元，他们就笑称自己是"腰缠万贯"。

多年来，批脚所走过的路，见证了城乡的变迁，有些已经消失的老街名、老地名，依然被封存在他们的记忆深处，一旦提及，他们眼前便会展现出那时的一幕幕场景。据林清溪回忆："从前一天大概派送二三十笔，逢年过节还要加班到晚上十一二点，碰上下雨天或烂泥天，全身都会被雨淋湿透。"正因如此，不少批脚会带上一把雨伞备用，甚至还会准备防水的布——用来包装着批信的侨批篮或侨批包。在不少侨眷记忆中，长柄伞也成了批脚的一种身份标志，每当看到批脚的身影，他们都会热情地上前迎接，因为他们知道，这些风尘仆仆的信使带来的是远在南洋的亲人的消息和补贴家用的银钱，有时候侨眷们还会煮上一碗热腾腾的鸡蛋面请批脚吃，甚至给一些茶水费。

不过对林清溪来说，他始终忠于自己的职业操守，往往都婉拒了那些茶水费，而是稍做歇息便立刻赶往下一处。因为他十分清楚，自己派送的这些侨批对那些华侨家庭的重要性，最主要的便是用于赡养侨眷，《南洋华侨与闽粤社会》一书中提到，近代厦门有 80% 的家庭需要依赖华侨汇款维持生活，此外在 1935 年间，每 100 户非华侨家庭与华侨家庭月生活费的调查显示：非华侨家庭月收入 14.99 元以下者高达 52 户，占半数；月收入在 35 元～80 元的户数仅有 9 户。而华侨家庭月收入 19.99 元以下者仅有 17 户，月收入在 20 元～49.99 元者有 49 户，月收入在 50 元～250 元者有 34 户。由此可见，海外华侨通过侨批汇入闽南侨乡的钱款，对于改善侨乡生活起到了十分明显的作用，甚至一些银钱更是救命钱，使侨眷免于被迫卖儿鬻女的悲惨命运。

与侨批告别

每当批脚将侨批送到侨眷手中，还需要侨眷回书一封，主要说明已收到批信且钱款数目无误。这封回批由批脚带回侨批局，再度寄回给远在海外的华侨。也有一些侨眷不通文墨，便会请信赖的批脚代笔，曾经担任厦门正大信局石码正大分局批脚的康玉斌，因其为人诚信可靠，常有侨眷委托他回函。每一次他都认真询问他们想对海外亲人说的话，并仔细斟酌用词，将这份包含着相距千里的思念和期盼的信，再次寄回到南洋的亲人手中。

批脚为侨眷送去的不仅仅是一封侨批，更是一份沉甸甸的亲情，而他们自己却往往因为工作的原因，错过了许多与家人相处的时光。在康玉斌子女的印象中，他们鲜少有与父亲共进晚餐的机会，无论刮风下雨，父亲总是匆匆吃完午饭，就蹬着自行车出发。当他将当天的侨批全部派送完毕，拖着疲惫的身躯踏进家门时，身后早已是万家灯火。

百年鼓浪屿博物馆馆藏的批脚所使用的侨批布包和雨伞

对林清溪和同事而言亦是如此：尤其每逢春节、中秋这些家人团聚的节日，海外华侨因为无法与侨乡的亲人团聚，只能以侨批倾诉对父母、妻儿等亲眷的挂念，因此批脚们在这些节日反而比平常更加忙碌，甚至除夕夜都还在四处派送信件，赶不上与家人一同围炉，但他们依然对自己的工作充满自豪。

　　中华人民共和国成立后，侨批业归属国家银行管理，而设有中国银行机构的侨区，则由中国银行管理。1976 年，伴随着私营侨批业人员业务归口当地银行管理，民间侨批业逐渐退出了历史舞台。那些在侨批局工作的批脚也归入当地银行，继续递送侨汇。康玉斌在侨批局结束后，又进入中国人民银行、中国银行工作，凭借对业务的熟练，他一直在银行工作到 1992 年，在与侨批业相关的行业，他兢兢业业地度过了 44 年，将自己的一生奉献给了侨批业。源兴信局停业之时，林清溪因为年龄的原因，选择了退休。当厦门卫视《南洋家书》纪录片摄制组联系到他，想请他讲述曾经的批脚经历时，已是古稀之年的他欣然应允。镜头下的他重返故地，望向那个早已不存在侨批局的所在，是否也在怀念，那个弓着背、骑着自行车逐渐远去的背影，仿佛始终走在派送侨批的路上。

马尼拉

文莱

金融史诗

如果说，每一封侨批的内容是存取乡愁的凭证，那批款上所记载的形形色色的货币则像一个中国近代钱币的微型"博物馆"。漂洋过海的万金家书，蕴含着大量货币、国际汇兑等重要的沿革历史，具有强烈的金融属性。

我们所说的侨批，并非一般意义上的信件，其更重要的一层含义是汇款。从19世纪中后期到20世纪70年代，侨批业能生存发展百年的原因，不仅在于其为海外华侨传递书信，更重要的是在于其办理汇兑业务。借助于侨批，华侨以劳务收入为主的报酬能够以货币或物资的形态实现跨国的转移。现在遗存的侨批中，蕴含着大量货币、国际汇兑等重要的沿革历史，具有强烈的金融属性。

1941年鼓浪屿华侨银行银信汇款申请书（图/洪卜仁提供）

漂洋过海的万金家书

简析闽南侨批业的金融属性

文 / 司雯

　　"侨批"这一名称来自闽南方言，闽南称信为"批"，因此，侨批又俗称"番批"或"银信"。侨批既是海外谋生的华侨寄给家乡眷属的书信，又包括从海外寄来的银钱。侨批递送者在送信到家的同时，也会将托寄的钱同时送到侨眷的手上。

　　最早的侨汇方式是由"水客"将钱银直接带回，接下来，信汇、票汇、仄纸（具有汇票性质）就成为批信局办理侨汇汇兑的主要方式。到了中华人民共和国成立初期，通过邮电系统采用电汇的侨汇已占据相当份额。可以说，相较于信件本身，这些货币、信汇、票汇和电汇才是侨批的主要组成部分，是寄收批款的主要依据，这些演变，也充分体现了侨批的金融性。

比银行邮政更早形成熟稔的金融运作

　　最早的侨批由"水客"带回，存在的时间长，后来则有民间资本组建"信局""批信局""银信局""侨信局""汇兑信局""华侨民信局"等侨批信局的组织或机构。这种特殊的民间信、汇合一的专营组织或机构，其所经营的海内外信、汇寄递，历史上曾经出现过多种的称谓，较为常见的就是"侨汇业"，现在侨批研学中都将其称为"侨批业"。

　　现有史料表明，侨批业一般为独资或者合伙投资制，规模狭小，资本不多，但通过同行组织的多种形式的合作，相互代理，形成了侨批业的高效网络，嵌入东南亚的华人移民社会和中国侨乡，赋予侨批业极强的活力，是华人移民汇兑市场的重要金融服务业。

流程	侨批揽收	承转交接	头寸调拨解付	登门派送、回文处理
发生地、涉及机构	海外侨居地的侨批信局、代理商号、银行等	侨居地口岸银行及侨乡口岸银行	国内口岸及侨乡银行	口岸、侨乡信局、代理商号、银行、邮局等

侨批侨汇转递流程。图摘自黄清海的《海洋移民、贸易与金融网络》

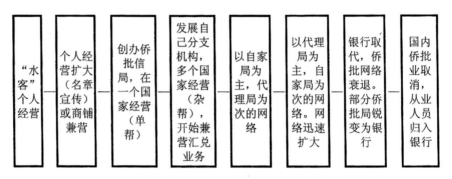

一百多年来侨批业经营历程示意图。图摘自黄清海的《海洋移民、贸易与金融网络》

　　据侨批收藏与研究者、中国人民大学家书文化研究中心客座研究员、《闽南侨批大全》总主编黄清海介绍，侨批业的业务探索要早于近代银行业和邮政业。大清邮政是光绪二十二年（1896），由总税务司英人 R·赫德创办，一切建制仿照英国成规。大清邮政的开办标志着中国近代邮政的诞生。近代中国人自己创办的第一家银行是光绪二十三年（1897）盛宣怀创办的中国通商银行，而侨批局的代表黄日兴信局分别早于中国通商银行和中国邮政 20 年和 19 年，天一批局分别早于中国通商银行和中国邮政 17 年和 16 年。

　　据厦门大学教授戴一峰介绍，侨批业的跨国金融汇兑包括侨批信汇、侨批票汇及侨批电汇，这与现代银行汇兑的三种方式有着相当的类同。

　　侨批信汇是侨批汇兑的主要方式，汇兑信息主要通过侨批封予以体现。侨批封由正面和背面两部分构成，正面不仅包含了普通信封的基本要素，其左上角还标明了汇款的币种和金额；背面除了贴有邮票（如有需要）、盖有邮戳外，一般还会有侨批局的印戳、常用"花码字"写的编号、宣传广告等。信汇是侨批最早及最主要的经理途径和方式，我们现在仍可以在众多的侨批封上见识到信汇的模样，它广泛运用在海外华人、华侨汇至国内侨眷的小额赡家资金或是礼金。

侨批票汇是指汇款人到侨批局汇款后，由侨批局签发一张汇票寄到国内指定地点交票领款的汇兑方式。这种票据通常与书信一并装在侨批封内，在侨批封正面写着"内附票某某"，有时汇票也交由回国侨胞带回。票汇之兴起，主要是由于海外侨民的大额汇款所致。

侨批电汇是后期多使用的一种侨批方式，译为电报汇款，是指国内侨批局接到国外侨批局或委托局发来的交款电报时，无论款项是否到达，都要立即解付给收款人。

除此之外，侨批业还曾经使用过一种称之为"副信"的作业单据，这实际上是一种权宜之计，因为抗战胜利之后，侨批业复兴，有大量的侨汇进入中国国内，东南亚一些国家因此而对汇往中国的侨汇进行限制，进而"禁汇"。此时的侨批局采用了变通的方法，将侨民的银信分开来运作，透过各种渠道先行汇兑侨客之款项。而那些暂时受到各种因素所阻滞的"正信"（也叫"批信"），在局势获得缓解之后，侨批局依旧会兑现自己的业务承诺，将滞延的批信送交予各侨眷，这也充分体现出了侨批局的作业特点。

"比如说有些批信，其操作手法就是在批笺上加盖'已付'章或戳记，表明批款已经交付，而批封则是责任信局代为封缄，并书题'原批补送'字样，由此可见，侨批局还是能恪守历代形成的行业规矩，这也更加体现出了其作业流程之严谨。"戴一峰说，汇款可以透过各种阻力障碍送达侨眷手中，充分说明了侨批局金融运作之熟稔。

戴一峰所著《近代中国企业制度变迁的再思考——以侨批局与银行

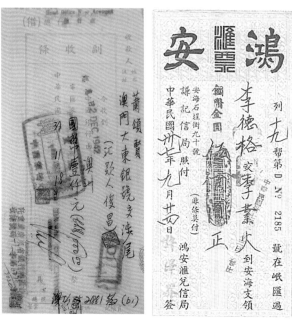

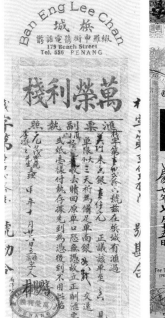

1 2
3 4

1.1942 年中国银行澳洲华侨电汇副收条（图 / 华侨博物院）

2.1948 年，菲马尼拉鸿安汇兑信局汇票

3. 万荣利栈汇票（元茂宝号）由槟城汇 1000 元至厦门恒记收

4.1931 年，新加坡华侨银行收信汇兑部汇票

关系为中心》中写道："在中国通商银行和中国邮政创办之前约 20 年的时间里，经营侨批业务的银信局已经在银行、邮政等领域对相关业务进行了实践和探索，这在金融史上是极具开拓性的，具有重要的里程碑意义。"

三方携手侨批网络延伸至欧美

随着 19 世纪末 20 世纪初东南亚经济发展及华人华侨侨汇款额的逐年递增，侨批业务量也显著增加。这时候，已经开始兴起的银行业与邮政业大举介入侨批运作。

银行业介入侨批，有其自己的优势，即网络化服务。但其缺点也同样显著：当时银行的网络化仅限于一些大城市，以及一些商贸较为发达的城镇，还不够全面；另外，由于侨批业有着独有的批信作业流程，即分有"来批"与"回批"两种形式，海外寄回来的批信，叫作"来批"，而侨眷们回复海外侨亲的复信，就叫作"回批"。因此，银行业介入侨批的汇现，很多方面还需借助海内外各侨批局的力量以及国内邮政当局的协作。

邮政部门想要开展批信经营工作，承接侨批之海内外的汇兑业务，也同样需要借助于银行、侨批局的力量。这是由于侨批的海内外业务贯通已久，各侨批局依附于海内外的乡族之谊开展业务，具有其独特的人文及社会环境优势，而当年邮政网点也尚不普及，有心而无力。

但同时，为提高侨批的汇转速度，也为了更好地在银行业与邮政业的夹击下生存发展，侨批局也开始借助不断完善的现代邮政和银行系统来开展侨批业务，侨批的经营进入分工协作时期。于是，在后期所能看到侨批汇票、支票上，更多是具有侨批信局与银行双重烙印的单子。

黄清海在《闽帮侨批信局汇兑方式探讨》中提到，后期，侨批局负责收"批"与登门分"批"，邮局负责跨国及长距离侨批或回批的"传递"，银行负责批款资金头寸的调拨与兑换。侨批经营网络参与者除了有数目众多的侨批信局外，还新增了与侨批有关的钱庄、店铺、邮局和银行等。特别是侨批局通过与银行加强协作，其网络得以延伸至东南亚以外的国家和地区，这也为东南亚华人移居欧美提供了金融汇兑方面的便利。

在清末民初，中国的国际汇兑为外国银行所控制，例如著名的华侨银行很早地介入了侨批的经汇业务，侨批信局办理"头寸"调拨往往依靠外国银行。

戴一峰介绍，虽然国外的银行介入侨汇业较早，但其实物汇票之遗存颇为罕见。一张比较典型的1935年11月18日的汇票显示，当日马来西亚彭亨州淡马鲁县城镇文德甲盛益汇兑信局，通过新加坡华侨银行向厦门开具500元的汇票，1939年7月11日才由鼓浪屿中国银行兑付。该票的票面同时也透露出一个信息，即银行间理的许多侨汇业务，许多都是海外侨批局大宗汇往国内代理机构的。

随后，国内银行开始愈加深入介入侨批业务。1937年起，福建厦门、泉州中国银行直接参与了侨批的登门派送业务，直至侨批终结之前一直参与其中。

邮政储金汇业局、福建省银行等官方机构也曾参与侨批的派送业务，这就是后来所盛行的电汇。一张1954年厦门中行转石狮新民信局收转的"电汇副手收条"上显示，这是一笔经由香港转驳至华侨银行厦门分行、再由中国银行汇往石狮的侨汇，其收款人就是石狮新民信局。这条通路的形成，说明了在侨汇经汇上，银行、邮局及侨批信局之间的曾经存在着互动、互通的关联性。

横向比较可知，福建的侨批局汇理手段比较多，后期广泛运用了电汇的作业形式，这也是其他地域侨批经营所罕用的。侨批局的金融运作更加突出，因而显见福建地区的商业运作更为饱满、手段更为丰富和多样，善于变化。

百年间，侨批还展示了积极的防范金融风险智慧。多数侨批以《千字文》中的"天、地、玄、黄"等顺序作为发批顺序的字头，或者把这些侨批收寄的顺序依次编号，这种按照《千字文》汉字顺序而排序的做法，可以清晰地表明侨批寄送的时间段、侨批数量以及侨批汇寄的频繁程度，这些"暗号"在外人眼里也许只是一些单独的汉字而已，实际上具有保密作用。还有一些侨批以侨批局所在地的名称、所在地地名的简称或英文地名的汉语译文首字作为"暗号"列字，或采用"双字"或"多字"作列字等，这样侨批信封上的编号与票根编号、回批的编号三者互相制约牵制，这三者中有一个不一致就说明是假的侨批，或者是在侨批运作的某一个环节出问题了，这样可以有效地识别真假侨批，防范金融风险。

戴一峰说，从金融史上的文献价值来看，晋商的票据、徽商的契约和粤闽商人的侨批这三者之中，侨批由于所处的时代距今更近一些，因而所包含的各种信息更为丰富。侨批不仅涉及金融史、邮政史、华侨史，甚至还包括海外交通史、对外贸易史和国际关系史等内容。"侨批局涉及的规模和范围虽然远不及晋商的票号，但是侨批所包含的信息地域色彩非常明显，比如称谓、语言风格、风土人情等。因而，侨批完全可以与晋商的票据、徽商的契约相媲美，成为中国金融史上三个重要的金融信物。"

总的来说，侨批以其独特的地域色彩和纷繁的时代背景，尤其是在开拓金融、邮政业务等方面进行了积极的开拓性的实践，在近代中国金融史上留下了辉煌灿烂的篇章。

明清时期流通于闽南的各种番银

如果说，每一封侨批的内容，都承载着分隔两地亲人间的思念与命运，那批款上所记载的形形色色的货币，则像一个中国近代钱币的微型"博物馆"。特别是闽南侨批上批款的称谓，极具地域特色，折射出中国沿海地区近现代货币的流通与变迁，也反映了各个时期的政治、经济、科技等的社会情况。

中国近代钱币的微型"博物馆"

闽南侨批封上的货币演变

文 / 司雯

　　侨批是银信合一的产物，货币是侨批的主要组成部分，是寄收批款的主要依据。百年的闽南侨批历史中，侨批封上有着丰富的货币信息：从金属货币到纸币；从外国银洋、本国银圆到国币、法币、金圆券；再到人民券（旧币）、港币、人民币……这些千差万别的货币背后反映了时代背景、政治社会环境、经济活动、风险价值等。

　　中国社会科学院大学教授祁敬宇介绍，侨批业从货币演变看，主要历经三个时期，包括 1935 年以前的银本位时期，1935 年国民政府实施法币政策至中华人民共和国的金圆券流通时期，以及 1949 年中华人民共和国成立后至 20 世纪 90 年代侨批终结之前。其间世界局势也风云变幻，故货币种类多有变化。不同侨批上的提款货币基本都是当时正在流通的货币，所以通过这些货币的币种基本可以判定当时国内外货币的流通情况和外汇价值。

银本位时期：币种多样称谓生动

在闽南侨批的货币兑换和变迁史上，1935 年是一个重要的节点，在此之前，中国长时间实行银本位。具体来说，明代对外贸易的发展使外国白银大量流入中国，推动了我国银本位制的确立，白银成为主要流通货币，采用"银两"称量制度。清代官方同样长期采用银两制，1910 年清政府颁行《币制则例》，正式采用银本位制，以"圆"为货币单位，重量为库平七钱二分，成色是 90%，但银圆和银两仍然并用。

这一时期，因中国和东南亚经济联系密切，民间和官方都有较为明确的银圆兑换标准和市场。闽南地区由于劳工输出及贸易等因素，大量外国银圆特别是墨西哥银圆（鹰银）以侨批的形式流入中国，这些外国银圆可同时在东南亚和中国东南沿海流通，根本不用兑换。因此，侨批封上有多种的货币称谓。比如，"龙银""大龙银""龙""大龙""英洋""大英洋""大莺洋""光洋银""光洋""光银""大光银""中光银""大光洋""大银""洋银""英银""大洋银""银""洋""国银"等名称。

其中，"龙银""大龙银""龙""大龙"是指清末光绪年间铸造的龙银，俗称"光绪龙"；"英洋""大英洋""大莺洋"，指的是墨西哥出产的银圆；"光洋银""光洋""光银""大光银""大光洋"的"光"，是一个相对于"粗"而言的金属货币品相的限定语，意即货币表面光洁，不受损、成色足。

至于在这些货币名称中使用定语"大"，意在将银圆区别于同样是金属货币、硬通货但处于辅币地位的"毫银"。例如，一枚由越南寄到厦门洪本部的侨批及内信。封背面盖有两个信用戳，其文字："安南堤岸，成春信局，此信回唐，专分大银，工资定免……""暨分龙银，无取工资"等。专分大银是指该侨批局所分给客户的银子全为大银，不夹杂碎银。

对此，漳州收藏家林南中介绍，早期闽南华侨大多是出卖苦力的劳工，对各种的银圆难以辨别，特别是对于早期外来货币上的币面图案更是难于理解，因此就形成了民间约定俗成的各种称谓。这些代表各种银圆在批款上体现的名称，可谓形式各异，形象生动。

1935年之前银本位时期在侨批封上常出现的货币名称："英（鹰）银""莺银""佛银""清银""龙银""银""大银"。图片翻拍自梧林侨批馆（图／刘以琳）

黄清海所著《海洋移民、贸易与金融网络》中写道：这个时期，侨批从业者不必再像以前那样身携巨款，战战兢兢地长途跋涉，而可以借助海内外口岸的金融机构，将大宗批款安全地汇回国内，再一一分发。

国民政府时期：美元、港币作为"硬通货"

1935年11月4日，国民政府宣布实行法币政策，废除银圆本位制，颁布"施行法币布告"。其主要内容是把中央、中国、交通三银行，以及1936年增加的中国农民银行所发行的钞票称为"法币"，定为国内唯一可以流通的货币，其他银行已发行的钞票在流通中逐渐收回，代之以新发行的法币。

祁敬宇介绍，法币政策实施后，侨批上所使用的货币名称开始采用"法币""国币"等称谓。此时，部分侨批封上所称的"银""大银""国银"等，其实只是一些侨胞的书写习惯，国内所兑付的为同期所流通的法币。

法币政策实施后，货币供给量迅速增加，虽然给当时的经济带来了一定的增长，但也助推了恶性通货膨胀。随着抗日战争爆发以及后来的国共内战，为了应付庞大的财政支出，最后法币只能无限制滥发。法币发行总额从 1937 年的不过 14 多亿元，猛增至 1947 年 4 月的 16 万亿元以上。1948 年，法币发行额竟高达 660 万亿元以上，相当于抗日战争爆发前的 47 万倍，物价上涨 3492 万倍，法币信用彻底崩溃。由于这一时期国际市场汇率变动频繁，国币贬值一日百变，大批美钞、港币流入侨乡市场。

至 1948 年 8 月，法币已贬值到形同废纸。1948 年 8 月 19 日，民国政府不得不宣布停发法币，改发"金圆券"。随即侨批封上也出现了汇寄"金圆券"的字眼。然而"金圆券"也很快就开始贬值，民众对"国币"失去了信心。临解放初期，为避免损失，大批美元、港币作为"硬通货"被华侨使用，流入闽南侨乡。因此，这时闽南侨批上的批款使用币值较为稳定的"港币""美汇""原币汇款"等。

这时候，香港作为亚洲乃至世界金融、贸易中心的地位日趋显著，很多侨批局在香港设立中转机构，与各大银行建立合作，探听各种最新金融行市，以便在资金汇兑调拨中运筹帷幄。

中华人民共和国时期："暗批"体现华侨家国情怀

1949 年中华人民共和国成立后，港币依旧是作为闽南侨批寄入国内的主要币种，随着人民币信誉的确立，也开始有部分侨批款开始汇寄人民币。

厦门大学经济学院教授焦建华指出，中华人民共和国成立后，国内侨批业归属国家银行管理，海外侨批局一般将批款调入香港后转汇国内，批款交付以"港币"和"人民币"为主。中华人民共和国成立初期，针对人民币币值不稳定的情况，中国人民银行规定以侨汇原币存单解付侨汇，分美元与港币两种；各侨批信局将接到的委托书汇总后交中国银行，由中国银行发给相等金额的侨汇存单解汇。存单签发地区多为福建等侨汇较多地区。1955 年 3 月 1 日，中国人民银行发行新版人民币。之前旧版人民币一律换算为新版人民币，新旧币换算比例为 1 ： 10000。20 世纪 70 年代侨批业划归中国银行经营后，信汇批款逐步转成以人民币为主。

据侨批收藏家林南中介绍，中华人民共和国成立初期，侨批业为了反限汇的需要，还用过一种"暗批"方式，即用暗语来表述批款数额。20 世纪中叶，以美国为首的西方国家对刚刚成立的新中国采取封锁政策，东南亚各地慑于压力，对我国也实施禁汇或限汇政策。限汇国规定经营侨批业务的批信局，必须经当地政府批准后持正式牌照才可营业，并对华侨汇款回国的金额和次数采取严格的限制措施。针对这些限制措施，海外侨批信局纷纷采取各种灵活做法，以应对禁汇、限汇对侨乡经济所带来的冲击。

侨批局有的采取"明来明去，暗来暗去"的办法，如凡符合华侨所在地规定的汇款，使用"明批"，在规定限额以上的汇款或禁汇国家汇寄的款项就采用"暗批"。有的在汇寄金额上采用明少实多或者以谐音代替金额的方法"暗度陈仓"，如：有的写"拾元"其实是"百元"，有的以"二伯"代表"二百元"，以"陆兄"代表"陆千元"等等。有的还特制了各种密码字，用于代替金额，如以"忠"代表"一"、"人"代表"二"、"大"代表"三"等。

例如，一件 1953 年 11 月 2 日由厦门正大信局收转至三都新江裕文堂的"信汇解款单"。"解款单"左上方盖有"暗批"红印，并加贴一张印有注意事项的小字条，内容是："注意！回批请勿写'港汇'或'元'。"林南中解释，这件由印尼"棉"局发回国内的"暗批"，通过第三地的侨批局转接后，密码电汇至国内解汇。收到"暗批"，侨眷在回信时不能写明收到汇款或"元"的字样，以规避回信时遭受检查而带来的麻烦。"暗批"记录了解放初期侨批业开展反封锁、反限汇斗争的那段历史和体现在华侨身上的家国情怀。

形形色色的侨批与多种多样的货币信息，见证了中国的货币金融的历史演变。

> 闽南地区旅外侨胞众多，闽南外汇历来为华侨汇款的主要来源之一，对闽南的政治、经济和民生作用重大。随着侨批业的出现，一条由水客为载体、由侨批局为驿站的海上金融丝绸之路由闽南走向海外。这条由亲情串起来的海上金融丝绸之路，历尽艰辛，顽强地向世界各地延伸，最终成为"一带一路"全线重要的组成部分。

坚韧地向世界各地延伸

闽南侨批串起海上金融丝绸之路

文 / 司雯

19 世纪中叶，特别是鸦片战争之后，在国际大背景与中国的实际情况的碰撞与交集之下，中国东南沿海出现"下南洋"移民潮与"淘金热"，并形成了华人移民网络。侨批及侨批业由此而萌生。

一百多年间，一封封侨批真实地呈现了海上丝绸之路的历史原貌，而一条条侨批之路如同一条条坚韧的丝线，伴随着时代的变迁，经历变幻莫测的世界风云的考验，顽强地向世界各地生长、延伸，编织出一张巨大的金融网络。

侨批路线多为华人进出口岸

明末至清朝，我国奉行的是闭关锁国政策，海上交流渠道关闭。康熙、乾隆年间，随着社会生产力逐渐从战乱中恢复，我国人口大幅增长，巨大的人口消耗和落后的社会生产力之间产生剧烈冲突。尤其是在闽南等沿海地区，山多地少、土地贫瘠，农业产出无法供养该地区的全部人口，多余人口迫于生计向四周迁徙，"下南洋"由此产生。

同时，以英国、法国、荷兰为代表的一批新兴资本主义国家通过海路在全世界范围内挑起殖民战争。东南亚殖民地工厂的飞速发展，使当地对劳动力的需求大大增加，更加剧了"下南洋"的趋势，并形成了华人移民网络。海上丝绸之路沿线不断迁徙移民，而海内外金融机构的不完善及移民带来的金融等需求，则直接导致了侨批业的产生。

据侨批收藏与研究者、中国人民大学家书文化研究中心客座研究员、《闽南侨批大全》总主编黄清海介绍，闽南侨批的分布与华侨华人分布基本相吻合，侨批是连接东南亚，辐射美洲、澳洲等的物质载体，侨批网络参与者除了主要由数目众多的侨批局构成外，同时也依赖于或借助于与侨批有关的邮局、银行、钱庄、店铺等。侨批局除了自身建立不断完善的经营网络外，还善于借助于邮局、银行、钱庄、商铺、水客或客头（个人）等，扩大自身网络面，提高运作效率与竞争力，增加业务量与经营收益。

黄清海说："就闽南侨批的邮件递送而言，邮件的网络节点地，基本都是华侨华人进出口岸及中转口岸，如厦门是闽南人出洋口岸，新加坡是东南亚的中转中心，香港是华侨华人出洋、进口的中转地等等。闽南侨批邮政网络都以海外华侨华人聚居地口岸（如新加坡）与国内侨乡口岸（如厦门）之间为主要传递渠道，由两处口岸为基点，各自向业务区域扩展。这样，以跨洋或跨国的海上连接为主线，海外国内两边呈喇叭形状、交错纵横的闽南侨批运行体系便形成了。其中，海上连接部分由国际邮局运作，呈喇叭形状的部分由国内与海外侨批局经营。"

"由于侨批的发信人多为在外打拼的华侨商人，他们所处地域各不

厦门海关税务司署（1909年以前）

同，汇聚起来就是庞大的海丝之路。所以，总结侨批的输送路线，就可以真实呈现近百年来的海丝路线与海内外金融往来路线。"厦门大学经济学院教授焦建华说。

焦建华指出，早期下南洋之人以劳作谋生为主，进而逐步发展华人经济，但这都是建立在移民性质基础之上。当时移民人数不多，加上明清政府实行严厉的海禁政策，导致华侨给家人的款项大多通过水客带回。他们在南洋或是当雇员，或是发展家族式经营、或联络乡族人合股开店办企业，他们所需要的金融服务或者对金融网络效率的要求并不高。20世纪初，随着华人商业圈的建立与发展，海洋商贸及与之相对应的金融网络更加繁荣与发达。与草根侨批业不同，华侨商人因实业发展之需要所建立的金融网络，是颇具现代意义的。而华商企业集团的拓展，对于构建以侨批业为主的海洋移民金融网络有着重要的促进作用。

厦门侨批文化广场前的地图记录了流向南洋的过程（图／林铭鸿）

收送侨批沿途从事外贸与金融投资

侨批之路能够被称为"海上金融丝绸之路"的另外一个原因，就在于它的重要组成部分——"水客"与侨批局。

"水客"最初只是往返于国内与南洋的移民，回国之际顺便帮人带款，后才逐渐演化为一门职业。"水客"与托带侨批的侨胞往往是乡亲甚至是亲人，彼此之间相互了解和信任，无须担保甚至不需要收条。按批款额的 3% ～ 5% 收取报酬，有的甚至不收取手续费，而是从汇率差额中获取利润。"水客"解汇时也不一定需要凭证，凭侨批所述金额经核对后便可解汇。在帮侨民带款之余，"水客"也会顺便做些生意，把南洋的土产运回国销售，或把国内的货物运往南洋销售。这些"水客"，构成早期的外贸产业，随着华人移民增多，"水客"往返南洋和国内更加频繁，沿途货物的买卖愈加频繁，整个产业规模也越来越大。据资料显示，20 世纪初期，厦门就有"水客"1200 多人，个人所带起的外贸盛况可见一斑。

焦建华介绍，为了在激烈的国际竞争中站稳脚跟谋发展，"水客"也修善其身，他们学习国际贸易和金融知识并融会贯通，经过长期的实践磨炼练就属于自己的盈利技巧。如收到批款后先购买当地银行的厌纸，回到香港后取款或交香港的银行或银号汇款回国内或委托侨批局代为转汇，从中获得汇率价差。不少水客由此成为国际金融领域的行家里手，在变幻莫测的世界风云中游刃自如。"因此，'水客'可以说是最早的汇率投资专家，他们走的路，就是海内外金融往来路线。"

跨国的海上金融网络不是孤立的，而是建立在移民和贸易的基础之上，建立在实体经济发展之上的。随着闽南出洋人数的不断增加，华人实体经济也随之大发展，"水客"已难以单独承接巨大的侨批业务，一些有积蓄或需要托寄大宗批款的华侨开始聘用专人携带侨批回家乡，于是出现了侨批局。

"早期，侨批局很多是商号兼营的。这些商号，都是从事中国同南洋的商业活动，或经营口货贸易或特产的各种商行。"焦建华介绍，早期相当部分南洋侨批局由华人移民居住区的杂货店发展而来，那时候，"水客"以小杂货店为根据地，华人需要汇款，或要得到"水客"从中国带来的消息，都到杂货店询问，杂货店成为消息和汇款的中心。由于批信业务有利可图，杂货店便充分利用其商业信用优势，重点发展批信业务，成为专营侨批局或兼营侨批业，店铺也就变成了侨批局。厦门早期的祥记、集记、春发、福绵记、广兴和丰顺等侨批局也都以经营南洋杂货为主，兼营侨批业。

侨批业门槛低，收益却很高。侨批局经办汇款要收取手续费，费用高低取决于汇兑种类和收款区域。一般由南洋汇至厦门的信汇（外付）每千元收手续费 8 元，票汇（内汇）手续费每千元收 0.55 元，汇至并由厦门经转者汇费约为 2%～3%，由信局垫付款项的汇费较普通高 1%。

然而，侨批局并不大注意汇费，有时甚至不收费用，比较注重汇率（价），货币兑换时的汇率往往有利于侨批局。侨批局通过汇率差赚取收益，这是侨批局最大宗收入，比手续费大得多。另外，侨批局还可以用侨款进行套汇交易，利用不同市场的外汇差价直接低价买进高价卖出，或在不同外汇市场调拨资金套取汇率差额。1946 至 1949 年间，"国币"（"法币"和"金圆券"）一日数贬，侨批局套汇投机最活跃。侨批局将侨汇积压、延付数天或数月，用这笔钱进行外汇交易、金融投机，攫取巨大收益。这些侨批局，就是初代银行的雏形。

华人企业家建立专业化金融机构

闽南侨批业的发展形成了特定的华人金融汇兑网，侨批通过汇款和民信传递跨入国际行列，"水客"是金融使者，侨批局是金融驿站，两方协力，逐渐建立起福建与东南亚的华人金融商贸网络。

这条海上金融网络不是孤立的，而是建立在移民和贸易的基础之上，建立在实体经济发展之上的。随着东南亚殖民地经济的大发展，东南亚华人实体经济也随之大发展，与之商业、加工贸易、制造业、旅游服务业和房地产业发展相匹配的金融业自然也获得了很大的发展，现代化的经济竞争显得更加激烈。随着更大规模的中国人下南洋参与到现代化的经济竞争进程中，使得中国货币经济与国际金融联系起来，东南亚华人金融商贸网络的成形，既带动了华人移民量的增多，更又因华人企业规模的扩大，地域也由东南亚地区扩展到欧美等地区，进而形成了以东南亚为中心，连接中国，延伸到世界的全球华人金融网。这些金融网为"一带一路"打下了良好的贸易基础。

随着海上金融网络的逐渐扩大，有实力、有战略眼光的华人企业家不仅发展实业经济，而且谋求开办独立的金融集团或在原有的企业集团内部建立专业化的金融机构。例如，1912 年陈嘉庚与林文庆、林秉

1947年元旦厦门正大总局全体职员合影。图翻拍自黄清海的《海洋移民、贸易与金融网络》

祥等侨商合资创办华商银行，成为新加坡较早成立的华资银行之一。1932年10月该行与和丰银行、华侨银行三行合并正式并入华侨银行有限公司。陈嘉庚公司成为实业与金融并举的华人集团公司，也带动更多的闽南老乡下南洋投靠他谋生。

　　20世纪初，在东南亚的华商吸收西方的先进银行技术，结合自身实际，开始创办了华人自有的华资银行。在新加坡，1903年出现了第一家华人银行——广益银行，接着四海通银行、华商银行和丰银行和华侨银行相继成立。在印尼，1906年成立黄仲涵银行。在泰国，1908年成立暹华银行、顺福成银行。在菲律宾，1920年中兴银行成立。在这些银行当中，新加坡和丰银行是东南亚华资银行中发展国际性业务的第一家，由闽南人林秉祥、林秉懋兄弟发起并 1917 年创办，总行设在新加坡。该行在东南亚，在欧美的伦敦、纽约、旧金山，在厦门、福州、汕头、北京、上海等地设有分支机构或汇兑处，可以直观证明当时华侨足迹与整个侨批网络已扩展至欧美地区。

　　侨批业务是中国金融史上国际汇兑业务的一种民间创新，在中国处于劣势经济的环境下，海外华人吸收引进西方先进的操作手段，改良创新，优势互补，使侨汇业务覆盖了华南地区乃至整个东南亚地区，搭建起一条独特的华人"海上金融之路"，为当时侨乡民生与经济做出了巨大贡献，同时对于促进中国金融业改良与发展也具有极为重要的历史意义。

夜幕下的思明南路（图/薛世杰）

近代中国的社会变迁使得华侨与侨乡的联系日益紧密，帮华侨递送侨批的组织由早期零散的"水客"演变成为正规的侨批局，侨批业迎来了繁荣的时期。鸦片战争以后，厦门成为闽南地区极其重要的商贸港口，闽南地区的侨汇又以汇入厦门的最多，因此，侨汇对近代厦门的建设至关重要，甚至可以说厦门的繁荣是由侨汇缔造的。

没有南洋华侨就没有近代厦门

闽南侨汇推动厦门经济发展

文 / 司雯

福建南部（闽南）为我国重点侨乡。据不完全统计，在鸦片战争后百余年间，有百余万闽南人经由闽南对外交通口岸厦门移居世界各地，尤其是东南亚一带，形成数量可观的海外闽南华侨。背井离乡的华侨经过长期的奋斗，逐渐发展为一股不可小觑的经济力量。虽然他们远在海外异乡，但亲人的饥寒、家乡的发展、民族的安危和祖国的发展，无时无刻不牵挂着他们的心。通过侨批业邮寄侨汇就成为华侨赡养亲人、建设家乡、支援祖国的最好办法。

据史料统计，厦门侨汇总量约占福建侨汇总量的 85% 左右。巨大的侨资，带动了厦门城市多方面的发展。

侨民往来带动厦门海洋客运业

厦门大学经济学院教授焦建华指出，厦门因区位优越、闽南侨民出入境频繁、较早被纳入世界市场体系，因而成为近代闽南侨批网络中的重要节点，是侨批转递不可或缺的一环。而正是凭借这独一无二的支点地位，厦门在对外开放中走在前列，在经济交往中承担着劳工输出、信息交流与贸易转口等重要职能。

早在 17 世纪后期，厦门"港中舶炉罗列，多至万计"，已发展成中国东南沿海贸易中心，成为福建南部对外交通之门户。故时人有诗赞美厦门云："分抱东南接大荒，八闽门户此雄疆。"鸦片战争后，厦门被辟为五个最早的通商口岸之一，自然成了移民出入之口岸。从1845 年—1949 年的百余年间，闽南华侨总数高达 120 多万。其中经由厦门出入国的流动人数，总数约达 970 万，平均每年 9.2 万人。

于是，作为闽南华侨的出入口岸，厦门近代航运业的一个重要组成部分——厦门海洋客运业便应运而生，迅速发展起来，并在这一发展过程中迅速完成从帆船客运向轮船客运的转变。

随着近代厦门海洋客运业的发展，海外华侨也携带着侨资投资开拓这一行业。焦建华说，早在 1875 年，侨居槟城的富商丘忠坡就开设了"万兴船务行"，置有七八艘轮船。其中有"漳福建""漳海澄"等轮船专门经营厦门至新加坡航线的业务，并在厦设立代理处。其后则有侨居仰光巨商林振宗置办了"双安""双美"和"双春"等大型轮船，经营厦门与东南亚各地间的客货运输业务。1912 年，侨居新加坡巨商林秉祥继承其父林和坡开设的经营船务兼进出口业务的公司，扩充为"和丰轮船公司"，并在厦门设立代理行——和通公司。该公司拥有"丰平""丰华"和"丰庆"等中型客轮，定期航行于仰光、新加坡、中国香港和厦门之间。除上述外，在厦门经办航运业务的还有侨居菲律宾的吴云择开办的"福记轮船公司"，吴汇祝、吴安禄等开办的"安记轮船公司"，蔡本油等开办的"锦丰船务行"，吕仲文、陈伯林等开办的"协顺公司"和"厦门轮船公司"，以及著名华侨领袖陈嘉庚、李光前等于 1947 年合办的"华侨航业股份有限公司"。

海外华侨自身投资创办经营厦门与南洋航线的轮船公司，更进一步说明了华侨与近代厦门航运业发展间的密切关系。

侨汇集散促进厦门金融业

航运的发展，进一步带动了侨批网络的扩大。这些不断扩张的侨批网络，带来了数量极为可观的外汇资金。外汇资金的流动让国内外知名银行纷至沓来，进一步促进了厦门金融业的发展，使之成为闽南地区的金融中心。厦门海关税务司卓尔敦在其报告中谈到厦门金融业时说："厦门（金融）市场受每年海外华侨汇款多寡的影响。侨汇是本地金融业的支柱。"

最早在厦门建立近代银行的是汇丰银行。该行于 1873 年 9 月在厦门设立代理处，1878 年改设分行。汇丰银行厦门分行初开张时号称资本 50 万元。其主要业务除一般贸易汇兑（主要是茶叶贸易）外，就是海外华侨汇款。该行于 1878 年开始在厦门发行以西班牙本洋为单位的"银圆钞票"。到 80 年代中期，在厦门发行的钞票已达 60 万元～70 万元。出口茶叶和海外华侨汇款均以"银圆钞票支付"。1886 年 12 月，该行经汇的海外华侨汇款约有 120 万元～130 万元。可见汇丰银行在厦门的业务与侨汇密切相关。

1915 年 5 月，中国银行在厦门设立分号。1921 年改为厦门分行，翌年又在鼓浪屿设办事处。该行在厦门开业后，就先后委托香港交通银行和港商代理东南亚华侨汇兑业务。

随后，厦门吸纳的侨汇数量急剧增加，在此刺激下，厦门新式银行有了令人瞩目的发展，尤其是出现了一批海外华侨投资创办的新式银行。如 1920 年 6 月设立的厦门商业银行，1922 年 7 月设立的中南银行厦门分行，1925 年 3 月设立的华侨银行厦门分行和同年 8 月设立的中

1915 年 5 月，厦门港仔口，中国银行在厦门设立分号

兴银行厦门分行。这些银行或为海外华侨独资创办，或为海外华侨投资参股创办。其业务都与解付海外华侨汇款相联系。

20 世纪 30 年代后，厦门侨汇数量进一步增长。于是，厦门新式银行业更有长足发展。仅 1934 年就有交通银行厦门分行，中国农民银行厦门分行、中国通商银行厦门分行、新华信托储蓄银行厦门分行、中国实业银行厦门分行等 5 家银行开办。厦门新式银行总数也逐年增加：1931 年为 8 家，1933 年为 10 家，1935 年为 14 家，1936 年为 16 家。究其原因，厦门海关税务司在其报告中说得极明白："大量银行的存在是本口岸突出特点。这是每年从南洋汇来大量汇款的产物。"

随着 30 年代厦门新式银行的迅速发展，旧式钱庄便逐渐衰落了。据海关报告，1933 年厦门尚有钱庄 90 家，1935 年减少到 32 家，1937年则仅剩 19 家。

侨汇流入助推厦门城市建设

经济与金融的活跃也刺激了厦门城市的发展。随着侨汇不断流入，厦门多个产业成为华侨投资的重要对象。

林金枝《论近代华侨在厦门的投资及其作用》一书中记载，厦门投资占华侨在福建投资总额的 62.88%，占全国总数的 12.49%，名列全国之榜首。这些投资分布于厦门交通运输业、近代工商业、金融业、服务业和房地产业等各经济部门，对近代厦门城市经济的发展产生了一定的影响。其中尤以城市建设方面的投资最多，约占总投资额的 73.07%，影响也最大。在 1927 年首次实行市政建设以前，厦门市容堪忧，后来由于侨汇的参与，厦门城市建设有了很大改观。1927 年—1932 年厦门进行市政建设时，吸引了大量的华侨前来投资。据估计，1927 年—1937 年，华侨在房地产投资的户数达 2145 户，投资金额为 4500 万银

厦门自来水公司建设工程之———上奉水库堤坝（图/华侨博物院）

圆左右，占这一时期华侨投资数量的三分之二以上，房地产投资对于厦门市政建设起到了很大的作用。

据厦门大学历史系教授戴一峰介绍，1920 年春，由于地方有识之士的倡议，一场大规模的城市建设拉开序幕。以地方富绅林尔嘉为会长，印尼归国侨商黄奕住为副会长的"厦门市政会"宣告成立。该会负责厦门建设工程的审议和筹款。另成立一个"厦门市政局"，负责执行施工。从 1920 年夏工程开始实施到 1938 年日军攻陷厦门，厦门新修筑了 51 条路（段），总长约 740 公里。此外还修筑了长约 2.86 公里的鹭江道堤岸，开辟了占地 1335 公亩的中山公园。厦门的市容因此焕然一新，成了福建南部第一个具有现代风貌的城市。与此同时，厦门还开辟了 32 处新区，总计 113807 平方丈，大大扩展了市区范围。

这项大规模的城市建设在很大程度上依赖于海外华侨投资。据统计，整个工程耗资约 1330 万元，其中海外华侨的投资约占 60%～70%。正因此，1937 年厦门海外华侨公会在呈送福建省政府的咨文中称："查厦岛自开辟马路，改良新市区，旅外华侨不惜以多年勤苦粒积之金钱，返国投资。重金购买地皮，建筑新式楼层，繁荣市区，提高厦岛地位。虽然政府提倡有方，倘非华侨热心桑梓，踊跃投资，则建设新厦门恐非易事。"

1920 年开始兴起的这项改造厦门市容大工程，促发了海外华侨对厦门房地产业的投资热潮。

海外华侨投资厦门房地产业最早始于民国初年。1918 年侨居越南的黄文华在厦门设立"黄荣远堂"，经营房地产业。同年，从印尼回国的黄奕住买下鼓浪屿洋人球埔南侧的原德记洋行二老板的产业，兴建了南、北、中三座别墅式洋楼。1920 年，黄奕住又在鼓浪屿田尾滨海地带，买地兴建"观海别墅"，并在鼓浪屿三丘田、车山顶、梨仔园、新路头、旗山路等地购买住宅，在鼓浪屿临鹭江东侧购买大片荒地，开辟一条街道，名"日兴街"，街道两侧盖起了一排二层楼房出租，形成规模较大的房地产业。

1920 年厦门改造市容的工程实施后，由于有大批旧房屋拆除以及大片新开辟地区的出现，客观上为海外华侨投资房地产业提供了有利条件。因而，海外华侨纷纷投资在厦门设立房地产企业。据不完全统计，1927 年—1935 年，厦门共有 19 家海外华侨投资设立的房地产公司。

从上述可知，厦门近代城市建设的发展，实与海外华侨的投资密切相关。举凡城市道路建设、房地产业推动与发展，无不依赖于海外华侨投资。

侨汇投资提升厦门产业发展

厦门产业发展，往往与海外华侨经营领域与优势一脉相承，怀揣乡愁的闽籍华侨通过侨批网络将先进的经验、技术和丰厚的资金带回了厦门，为厦门优势产业发展引来了"源头活水"，获取世界发展的红利。

20 世纪 50 年代的大同酱油发酵场

　　随着 20 世纪 20 年代后期厦门棉布业的繁荣，1929 年同时有两家织布厂创办：厦门民生布厂和厦门民光布厂。这两家织布厂，都为华侨所创建，每年的货物除销售厦门本市外，还远销南洋群岛。

　　再如近代厦门的食品加工业。1908 年，罐头厂"厦门淘化公司"成立。这是海外华侨投资厦门工业的第一家工厂，也是抗战前厦门最大的近代工业企业之一。1911 年，杨格非因与大股东不和，离开淘化公司，与陈嘉庚合资创办了另一家罐头厂"大同公司"，以后两家公司均有所发展。1927 年，淘化、大同两厂合并为"淘化大同股份有限公司"，资金集聚更多，销路更好。除原鼓浪屿、厦门岛两个厂外，还在温州和香港九龙增设了两个分厂。据史料记载说，该公司的制品主要销售国外，消费者绝大部分是华侨，其销路遍及东南亚各地，产品"宝塔牌"

酱油曾荣获巴拿马万国博览会金奖。

在海外华侨投资厦门各个产业中，对厦门近代公用事业的投资及其发展特别引人注目。近代厦门三大公用事业，即厦门电灯电力公司、厦门自来水公司和厦门电话公司，都是海外华侨投资经营的，三家公用事业都采用现代技术和管理制度。如厦门电话公司原是林尔嘉创办，1921 年，黄奕住承盘了该公司，并改磁石式为供电式，大大改进了技术设备。1922 年，黄奕住又收买了原日商川北公司创办的鼓浪屿电话公司，并从美国购入新式机电设备，铺设厦门至鼓浪屿海底电缆。于1924 年 1 月实现了厦鼓通话。1930 年，该公司在厦门禾山创设禾山公司，翌年又在漳州成立通敏电话公司。同时在海枪、石码、海澄、浮宫、南靖等地设立交换所，初步建成了厦门与漳州的长途电话通信网络。

侨汇寄回掀起兴办教育之风

除了推动厦门产业和城市发展，侨汇还有一个重要属性就是赡养在厦侨眷。

近代的闽南侨汇绝大多数流入农村地区，作为侨眷的生活费用。据估计，近代厦门有 80% 的家庭需要依赖华侨汇款维持生活。1934 年，陈达《南洋华侨与闽粤社会》一书中写道："华侨家庭每月平均收入是 66.2 元，其中 53.9 元来自南洋汇款。"此外，书中描述，据对 1935 年间每 100 户非华侨家庭与华侨家庭月生活费的调查显示，非华侨家庭月收入 14.99 元以下者高达 52 户，占半数；月收入在 35 元～80 元的户数仅有 9 户。而华侨家庭月收入 19.99 元以下者仅有 17 户，月收入在 20 元～49.99 元者有 49 户，月收入在 50 元～250 元者有 34 户。可以看出，侨汇对于华侨家庭生活的改善作用十分明显。

此外，除生活费外，侨汇还有很大一部分是用来进行房屋建设。华侨将侨汇寄回乡以后，为了彰显其华侨身份以及炫耀乡里，最直截了当的方法就是建造房屋。在侨乡，修盖房屋是一种"人人都能看得见"的炫耀品，以房屋夸耀乡里则是华侨社区的一种普遍风气。《福建华侨汇款》的作者郑林宽先生曾说："过去有过好几次机会到闽南沿海一带旅行，沿途都有许多红砖高楼矗立在村头村尾，一望而知是受了西洋影响的华侨住宅，这些住宅的主人或许还在南洋。"侨汇使得近代厦门出现了许多南洋风格的建筑，如今，思明区中山路的骑楼群与鼓浪屿的华侨洋楼，正是于此时期大量兴建的。

寄回来的侨汇，除了赡养亲人外，还有部分用于兴办厦门的文化教育、改善医疗卫生、支持公益慈善等项目，这部分侨汇在培养人才、救死扶伤、稳定侨乡社会中发挥了积极作用。

其中，兴办教育以陈嘉庚最为突出。"民国光复后余热诚内向，思欲尽国民一份子之天职，愧无其他才能参加政务或公共事业，只有自量绵力，回到家乡集美社创办小学校。"1913年，集美小学落成。此外，由于当时全省师范学校仅有福州一校，陈嘉庚认为唯有"先办师范学校，收闽南贫寒子弟才志相当者，加以训练，以挽救本省教育之颓风"，便在新加坡募集4万多元，于1917年派遣其弟敬贤回国，负责建校事务，集美学校师范部于1918年落成，是为今日集美大学之前身。1919年，陈嘉庚感念"闽省千余万人，公私立大学唯有一所"，决定倡办厦门大学，并率先认捐100万元开办费，后复认300万元经费。此外，陈嘉庚还积极在南洋募捐建校款额。在其努力之下，厦门大学于1921年4月6日举办开学典礼。

戴一峰指出，近代厦门作为闽南华侨出入之口岸、消费之市场、投资之场所和汇款之集散地，其城市经济的发展深受闽南华侨影响。是闽南华侨的流动促进了厦门海洋轮船客运业的发展并带动了近代厦门航运业；是闽南华侨特殊消费市场的存在促进了厦门与东南亚的贸易以及国内贸易的发展，并带动了相关的近代工业的发展；是闽南华侨的投资促进了厦门近代工业的发展，尤其是促进了厦门近代公用事业、城市道路和楼房建设的发展。凡此种种，无一不有力说明了闽南华侨与其侨汇给近代厦门带来了新的活力。

早在20世纪30年代，就有人指出："没有南洋，就没有今日的厦门。"事实上，相较于其他城市，近代扶持厦门经济发展的资本的确更多集中在侨资，这也充分彰显了侨批网络对推动厦门经济较快发展的卓越贡献。厦门依靠以华侨华人为基础构建的华商网络，让数量庞大的侨汇资本流入，也让近代厦门同东南亚地区构建了经济交流纽带关系。

情系桑梓

　　人间最苦是乡思，番批一纸愁如缕。侨批是历史的见证，是情感的纽带，是希望的灯塔，演绎了亲情、乡情、家国情，是华侨华人记忆中不可磨灭的历史符号。

对背井离乡、远赴南洋拼搏谋生的华侨而言，家国情怀在异国他乡尤为浓烈，特别是社会发生剧烈变革的近代。他们时刻关注着国家的变化，从辛亥革命到抗日救亡，总能见到华侨的身影，当年那些慷慨激昂的支援声音、令人热泪盈眶的事迹化作文字，留在了侨批里。

20 世纪 30 年代，商家推销产品同时宣传"航空救国"的广告

家国情怀寄尺素

文 / 郑雯馨

　　三两张浅白的信笺,最右侧空白处皆印着一位摇旗的年轻军官形象,下方还有"革命尚未成功"的字样,在海外的华侨就在这些印有革命口号的信笺上,提笔写下对家乡亲人的思念,以及对彼时祖国时局的担忧。自19世纪中叶起,从厦门港口乘船下南洋的闽南华侨不计其数,他们寄回的侨批中,除了对故乡及家人的思念是永恒不变的主题之外,对民族复兴的期许及对国家的赤诚之心同样跃然纸上。尤其当国家面临存亡之际,他们更是用实际行动进行支援,当中涌现的感人故事亦通过一封封侨批被留存。

爱国华侨黄开物

　　"近接最好消息,知大局已定,吾人无限欣慰矣,人生莫大之幸事。""现厦事如何? 务祈极力进行,联络众志。"这些读来激动人心的字句,来自祖籍漳州角美的菲律宾华侨黄开物的侨批及信函。黄清海编著《菲华黄开物侨批:世界记忆财富》中收录从1911年5月至1913年6月约有20封,这些侨批信件揭开了黄开物及同时代一批爱国华侨支援辛亥革命的历史往事。

　　1907年,黄开物离开家乡南下菲律宾,同兄长及侄儿在马尼拉经营布庄生意,期间他加入了中国同盟会小吕宋分会,以募捐等形式支持革命。他曾在信中感慨:"小吕宋华侨自演戏至今,已捐助革命军壹拾万元,又到去九百余人矣。至下等之人亦捐五元,甚然赞叹。中国人近来之爱国心大明也。"可见当时在海外的华侨为祖国正在发生的变革欢欣鼓舞,对辛亥革命推翻了清朝专制帝制、传播了民主共和

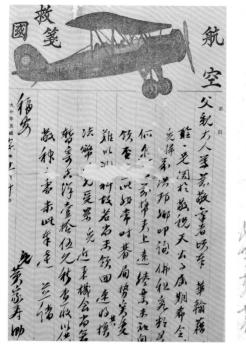

在抗战时期，海外华侨们寄送侨批时常使用印有"还我河山""航空救国"等字样图案的信笺，凸显了强烈的爱国情（图翻拍于黄清海、沈建华《抗战家书》）

思想表示肯定。黄开物还在信中告知国内的同盟会成员，"如款项缺乏，可秘函电，布告各南洋资助，或致函来垠各界劝捐。"彼时确实有不少菲律宾同盟会的华侨以侨批的形式与国内同仁通信，一来侨批归属私人邮政体系，可避免受到清政府的盘查；二来大批捐款也能通过这一渠道汇回国内，协助国内同盟志士开展革命。

1921年，黄开物为了推动新式教育而选择回国，在家乡锦宅兴办了华侨小学，期间他与海内外的革命同志依然保持着密切的联系。与他往来通信的包括林书晏、陈金芳、陈持松、吴礼信等人，他们不仅支援厦门地区的革命活动，还鼓励在菲律宾的华侨剪辫子，同时为了更广泛地传播革命民主思想，还积极创办报刊。1911年10月创办于马尼拉的《公理报》，正是中国同盟会小吕宋分会的机关报，总经理郑汉淇祖籍厦门，他曾多次指导排演以革命先烈为题材的戏剧，总能引起在菲华侨的共鸣，陈松铨从马尼拉寄往锦宅给黄开物的侨批中也提到："《公理报》对演戏感动，前之反对派卢文彩、少清、胡诸群、陈迎来四人认二千余元。"从这些往来的侨批中可知，即便远隔千里，海外华侨依然竭尽所能为革命事业出谋划策，互相奔走呐喊。

众志成城投身抗战

1937 年"七七事变"爆发，广大海外华侨以空前高涨的爱国心，展开了波澜壮阔的抗日救亡运动。一位远在新加坡的华侨就在寄给厦门双亲的侨批中，饱含愤慨地写道："为国家效力必以尽国民之份子也，夫论男子之志视死如归，战事何必怕耶。"而早在"九一八事变"发生后，海外华侨就格外关注时局的变化，并表现出对日本侵略者的种种抵制，体现在侨批上便是盖着"国家兴亡，匹夫有责""抵制仇敌、誓雪国耻"及"抵制仇货，坚持到底，卧薪尝胆"等宣传戳的批封，真实地反映出海外华侨爱国、忧国的赤子情怀。

除了种种抗战口号，海外华侨更是秉持着"有钱出钱，有力出力"的原则，许多支援抗战的汇款便是通过侨批寄回国内，其中有种"航空救国笺"一度十分流行，即用来写侨批的信笺上印有战斗机图案及"航空救国"字样，体现了当时华侨对"航空救国"理念的认同。1932 年，菲律宾华侨成立了"中国航空建设协会马尼拉分会"，推举祖籍晋江的菲律宾华侨李清泉为主席。李清泉年少时便跟随父亲到菲律宾从商，后携资回厦门鼓浪屿发展，他还在厦门创设了的中兴银行分行，对侨界的资金周转和华侨工商业发展起着积极作用。李清泉提出要为祖国募集 15 架飞机，他首先带头捐购侦察机 1 架，并发动华侨社团捐购教练机 3 架，此举获得了众华侨的积极响应。筹齐飞机后，在菲华侨又组建了"菲律宾华侨飞机队"回国参战，同时发动侨胞、侨眷捐款和

厦门侨批展厅"还我河山"板块，展现了抗战时期华侨的爱国情怀（图/刘璐）

认购"航空救国"债券，有力地支持祖国的抗战。

值得一提的是，李清泉的夫人颜敕也积极活跃在抗日救亡运动中，她组织成立了"菲律宾华侨妇女抗日后援会"，带领华侨妇女们进行抗战宣传、募捐、监督抵制日货等活动。她们曾为英勇作战的八路军捐款万元并购置雨具，朱德总司令和彭德怀将军还专门登报感谢，赞扬海外华侨的爱国精神。

破译暗批里的密码

不同时期往来于海内外的侨批及回批，亦是中国近代历史的一个缩影，譬如20世纪50年代出现的"暗批"，它们反映了因国际形势的变化，海外华侨汇款受限制的特殊时期，海内外华侨如何团结一致，开展反对东南亚主要侨汇来源地政府限制华侨汇款的斗争。

中华人民共和国成立之初，由于西方国家对中国采取封锁政策，一些东南亚国家也发布了对中国实施禁汇或限汇的政策，为此海内外各侨批信局见招拆招，采取种种灵活的方式应对冲击：譬如来自厦门的合昌信局曾写信告知侨眷，由于时下海外汇款由明汇改为暗汇，且一些侨汇来源地政府加强对回批的检查，因此介绍如何用暗语写回批，比方用"旅安""大安""外安"等字词代表几十、几百、几千等汇款数字；用家乡的五谷收获量（或是子女读书考试分数）来代替汇款额数；还有用谐音代表金额，例如"二伯"代表200万，"陆大兄"代表6000等。

除此之外，还出现了各种所谓的"密码字"，例如分别用"忠、人、大、夫、正、亦、自、更、知"代表从一到九的数字，有些华侨还将其编成一本小密码本，方便收寄侨批时核对。漳州市闽南文化研究会理事林南中就曾展示一封1953年11月2日由厦门正大信局收转至三都新江裕文堂的"信汇解款单"，单子左上方就盖有"暗批"的红印，并加贴了一张印有注意事项的小纸条，上面写着"注意！回批请勿写（港汇）或（元）"。据林南中研究，这封暗批是"由印尼的'棉'局寄回国内，中间经过第三地的批局转接后，密码电汇至国内解汇，因此才会在上面提醒回批不要写收到汇款或出现'元'这样的字眼。"从这些斗智斗勇的侨批中，反映出华侨进行反封锁、反限汇斗争的爱国之情。

在泉州侨批馆内，收藏了一张1971年从新加坡寄往厦门同安的侨批，信中写道："好久没写信给你们，量你们大家都好。在十月廿六日中华人民共和国已经进了联合国，这是中国人民的伟大胜利。"中国重返联合国是中国外交工作的一次重大突破，具有重大的历史意义和现实意义，即便是远在千里的华侨也由衷地为祖国感到自豪。这封侨批的珍贵之处就在于成信的时间，步入20世纪70年代，侨批逐渐被现代金融业所取代，但人们依然能从那些来自海外的零星侨批信件，感受到海外华侨始终心系家国的情怀。

最初下南洋的华侨群体，很大一部分都目不识丁，故而只能从事较底层的劳力工作，因此当他们挣得一定积蓄，甚至拼搏出一番事业后，格外重视对后代的教育，并热心捐资助学，希望用教育启迪家乡、广开民智，以实现国家富强、民族复兴。他们的教育理念、教育理想也体现在侨批里，以及侨乡那些冠以"华侨"之名的学校。

岁月不语，惟报能言（图/洪春苗）

志挚兴学，以教兴国

文 / 郑雯馨

提起集美的侨乡之名，脑中首先浮现的通常是驱车经过厦门大桥时，远远眺望着连片红砖绿瓦的嘉庚建筑群。待靠近那些建筑，随风传来的琅琅读书声提醒着人们，是一位出生于集美大社的爱国华侨倾资办学，才有了如今的集美学村，他满怀热忱，希望用教育启迪民智、振兴祖国。这也是许多下南洋的闽南华侨的共识，他们虽然因商贸而发家，却并不轻视教育，而是更加积极地回乡捐资助学，为侨乡的发展作出巨大贡献。

捐资兴教育

"刻下正是汝兄弟用功求学之时，须专心求学，古人说'少壮不努力，老大徒伤悲'，望汝专心求进。"1948 年 9 月 15 日，印尼雅加达华侨黄衍标给在家乡南安丰州的儿子黄炳焜、黄炳垣寄去了一封侨批，信中言辞恳切地嘱咐两个儿子专注学业，还提到随信寄去 100 金圆除了赡养其母之外，余下作为两个儿子读书的零花钱，可见他对子女教育的重视。

早期下南洋的闽南华侨大多文化水平不高，在海外只能从底层的工作做起，因而他们更能体会到读书的重要性，长居海外的华侨时常寄回钱款作子女上学之用。辛亥革命之后，华侨愈感教育救国的重要性，且他们长期在海外接触到西方教育理念，于是事业有成的华侨纷纷回乡兴办学校，推广新式教育。

1921 年 8 月 4 日，马尼拉黄以敖寄锦宅黄开物的侨批，内文提及捐资助学一事（图翻拍于黄清海《菲华黄开物侨批：世界记忆财富》）

　　从爱国华侨黄开物留存的一批侨批中，人们能一窥当时华侨办学之情形。1921 年，黄开物从菲律宾回到家乡锦宅，亲自主持办校的相关事宜，学校选址在锦宅村原来的文圃书院附近，名为"锦宅华侨小学"。此前，黄开物已经在菲律宾成立了校董会，并通过侨批与校方保持密切的联络，譬如一封侨批中提到"至云建筑新式洋楼校舍，且又加容学生多数，侨等全体极表赞成"，以及"闻对于夜学一事，亦在当务之急，若能早行兼设，使吾辈青年失学亦可补习之业，则族人子弟亦免夜游赌博之事"等，可见黄开物已然意识到，推广教育有助于改变乡村原有的陋习旧俗，一开积极奋进之风气。

1921年，菲律宾华侨黄开铭关于捐款修缮校舍、选聘老师等事宜写给福建省漳州市角美镇锦宅村黄开物的侨批（图翻拍于黄清海《菲华黄开物侨批：世界记忆财富》）

　　锦宅华侨公立学校正式开校之后，当教学或校务上遇到问题时，黄开物公立也会以书信的形式同菲律宾的校董会商议。"但望下学期开课之前三天学生报名者，敢烦先生等将入学规则宣布一切以后，遇有缺席若干，缺课几日，恳将该学生等之名一一指示。倘有成绩优学者当以奖给学品，下学期将届以预备付去分赏学生，以示优异而励进行。"这封1921年从锦宅华侨公立学校垺筹办处寄往锦宅给黄开物的侨批，提到了学生偶有缺课的情况，对此校董会成员积极为黄开物献策，主要是规范校训及设立奖惩制度，信末还罗列了当年六七月的捐款芳名，可见锦宅华侨小学运营所需的费用，正是来自黄开物及其他旅菲黄氏宗亲的慷慨捐助，体现了海外华侨对家乡教育事业的诚挚心意。

以育才为己任

著名学者陈达在其所著《南洋华侨与闽粤社会》一书中指出，20世纪30年代"厦门市内正式立案的小学校共计有39校，其中17校与华侨直接发生关系，或占厦门市小学校总数的44%，39所立案的小学校共有学生8430人，内有华侨学生1752人，或占学生总数的21%。这17所小学校，内有11所，每年直接获得华侨经济援助。其经常费的大部分，非由华侨供给不能支持，每年华侨所供给的经常费共计国币18146元"。虽然当中多数学校已经成为历史，但这些数据的背后是无

莲塘别墅建于清代光绪年间，其主人为祖籍同安松田的越南华侨陈炳猷，他专门建造了一处莲塘学堂，供家族子弟及当地贫寒弟子读书（图/郑伟明）

数华侨重视教育、爱国爱乡之心。

坐落于海沧原镇西北的莲花洲上的莲塘别墅，是被文人学者盛赞为"冠绝八闽大地"的闽南红砖建筑，其主人为祖籍同安松田的越南华侨陈炳猷，他成年后跟随父亲到越南西贡经营大米生意，凭借出色的商业头脑成为越南的米业大王。发家致富后的陈炳猷命其子陈其德在莲花洲上建造了这座大型红砖建筑群，其中专门建造了一处莲塘学堂，并聘请学识渊博者前来授课，除了供家族子弟读书，还免费让当地家境贫苦的农家子弟上学，对品学兼优者更有出资奖励。恰如莲塘别墅内的那副楹联所写："立教兴材凡在吾徒有责，致知格物谁云大学不传"，陈炳猷深知教育之于乡里、社会乃至国家的重要，故而兴办能够振奋民心、教化社会的百姓学堂。

陈氏子孙继承了重教育的家风，从莲塘学堂、沧江书院到后来的沧江小学，即便在时局动荡的危险时期，他们也没有动摇办学的决心，甚至还曾将莲花洲的大宅租让出大部分空间，作为新办学校的师生宿舍，且20多年来分文不取。这一切都是来源于华侨自身民族意识的觉醒，尤其他们在海外拼搏多年，自觉地将教育与改变家族、家乡甚至民族命运紧密挂钩，故而在捐资助学、兴办教育方面更能全心投入。除了华侨，许多侨批局也曾参与捐资办学，据统计，1915年至1949年福建省华侨捐资兴办的中学有48所，小学967所；1949年至1966年华侨捐资办学钱款达5494.34万元人民币。这种润物无声的方式着实为侨乡社会的变革起到了积极的作用。

侨批中的民族认同

华侨在侨乡兴办的学校，多以新式教育为主，且侨眷子弟和回国就读的侨生在接受一定程度的教育后，通常会随长辈前往南洋继承家族事业。至于在侨居地出生的子女，早期不少华侨选择让他们就读当地的华文书院，接受中国传统文化的教育。在新加坡的厦门街，伫立着一座中国式庭院建筑，建筑内部随处可见闽南特色的装饰，这是新加坡最早的华文教育机构萃英书院，是祖籍永春的华侨陈金声等华侨于1854年筹资创办的。书院考试的评分标准是以能说长章、长句为四等、以能通说《四书》为三等，一二等奖则根据信札议论诸事决定，可见依然是延续传统儒学教育，从另一方面看，也促进了中华文化的传承和侨居地华文教育的发展。

接受华文教育以及用汉语书写侨批，也是海外华侨寻求民族认同感的一种形式。一位旅居印尼的华侨蔡金鉴给在家乡晋江的妹妹蔡惜治的侨批中，吐露了他在异乡的苦闷："兄于上月已收到了胞妹前后两封信，明悉一切无（勿）念。这时我的心情多么激动，内心有很多话表达不出来。因为兄文化水平有限，数年来无提过笔，文字很多都忘了，提起笔来也不知怎样写才好，所以至今才回信，一切请胞妹原谅为是。"由于长期生活在异乡，加上不少华侨本身文化水平较低，不少华侨使用汉语的能力不可避免地退化，在闽南师范大学文学院讲师魏宁楠看来，书写侨批是海外侨胞施展所学中文的好机会，也是摆脱沉默失语的语言困境，明确自身身份的有效途径与手段。

正因如此，人们在留存的侨批中时常能读到海外华侨多次叮嘱家人要督促子女读书，更言"诗书文字，儿一身至宝"，连侨批中附上的钱款，有时都会特别分出一部分，点明作为子女教育之用。通过这样语言文化的认同，也促进了海外闽南华侨的民族认同感，反过来又激发华侨捐资助学的热情，他们将先进的教育理念引入侨乡，最核心的目标是建立在家国情怀的基础上。换言之，华侨对教育救国的理解，在于通过对人才的培养，以致有朝一日无论是侨乡抑或侨居地的国人，都能够实现真正的自立自强，进而实现民族的复兴与祖国的强盛。

当华侨搭上前往南洋的轮船，他们与家乡的联系就像飘扬在高空的风筝，那条连起两地的"线"是饱含思念、深情的侨批。大抵他们也不曾想到，这些私密的家书会成为人们研究那段历史的对象。故而当他们提笔时，倾注的皆是对亲人的殷勤嘱托或是在外谋生的辛酸，落笔处尽是对平安与团聚的期盼。

纸短情长诉亲缘

文 / 郑雯馨

在一部手机就能联系起相距千万里的人，只需滑动几个按键就能实现转账的 21 世纪，侨批及其曾经承载的功能早已成为历史的一部分，被收藏于民间收藏家的文件夹里，或是静静地被摆放在博物馆和档案馆内。来来往往的参观者贴着展柜的玻璃，费力地想从那些或清雅娟秀、或龙飞凤舞的字里行间，读出当年那些海外华侨的故事。在侨批所汇集的众多故事中，对亲人的牵挂无疑是最重要的主题。

故乡遥，信传情

"双亲大人尊前敬启：儿自拜别由厦门搭船启程水途，幸获平安……"在福建省收藏家协会理事兼厦门分会副会长陈亚元收藏的众多侨批中，有不少类似这样的"平安批"，即华侨在南洋落脚后，一

1934 年代写侨批的珍贵老照片（图／宋荣福提供）

般会给家中寄去报平安的信，并附上些许银两。中国传统社会注重宗族观念，尤为讲究忠孝悌节，闽南传统社会亦是如此，往往选择下南洋的华侨都是生活所迫，他们期盼通过在海外的打拼，能够赡养家人且改变家族贫困的命运。因此华侨们在南洋辛勤劳作，宁愿节衣缩食也要将赚到的钱寄回家，这一举动既提升了他们对家族事务的参与感，也体现了他们在家族中的地位。

1913 年 1 月，一位华侨从缅甸仰光寄了一封侨批至厦门同安西门外莲花山莲山头，族人一看批封上盖满了"如意吉祥"章，便知这是一封报喜批。果不其然，写信者提到自己喜获麟儿，并嘱咐族人"正月十五日至祖厝点灯幸，勿有误。……要煮油饭报外家厝，以及祖公莲风岩敬奉油饭，切勿有误矣，是祷。"在闽南传统习俗中，族中有子嗣诞生就要到祖祠举行"点灯"仪式，并备上油饭，以此敬告祖先。虽然这位华侨远在海外，依然严格遵照旧俗，请族人代为操办，体现了闽南华侨强烈的乡土观念。

除了遵照家乡风俗习惯，华侨还通过不定期的问候、所寄钱两分配等，不断强化与家乡的联系。譬如陈亚元所收藏的一封寄往集美后溪港下梧社的侨批，写信的杨姓华侨向家人汇报近况时说："最近我与彼和亲叔谋作一饼干店。现货品已出销路不错。但因是手工作的，出货较少，不能应付时几。此后若有资本广大，前途定有一线之希望也。倘所计划能成功则发，家中之困就稍能为解决。"除了表明自己做了小生意，今后能多汇钱款回家之外，他还提及母亲老迈，自己为了谋生不能在跟前侍孝，因此在信中承诺"明年若饼干生理能成功，我自能一个人先返唐一行，以慰告慈亲衷心之盼望也"。信中真切地展现了华侨的复杂情感：既感到海外谋生不易，为无法给家族寄去足够的银两而倍感惭愧，又因为远离父母与妻儿，造成在家中身份的缺失而忧心。

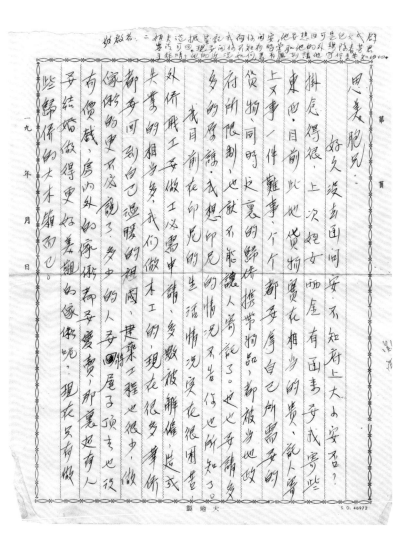

一封寄往海沧新埙乡的丘思美家信，信中提及华侨在海外谋生的艰辛以及对家乡的思念（图/陈亚元提供）

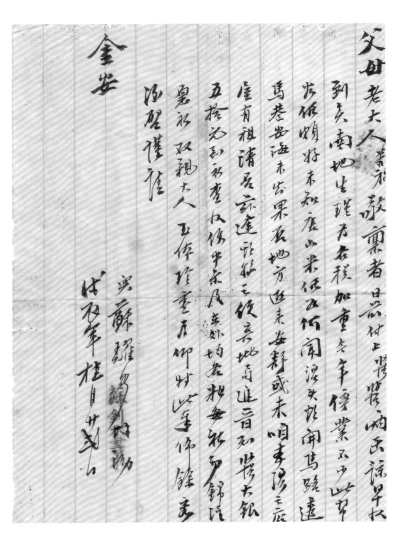

一封从越南寄往鼓浪屿的苏圻时家信，信中除了附上银两，写信华侨还特别询问了家中父母是否安康，对于家中店屋的经营情况也十分关心（图／陈亚元提供）

赴国难，与妻别

对分隔两地的华侨和侨眷而言，侨批就是牵起亲情的那条线，不少侨批向人们展示了分隔两地的夫妻之间真挚的情感，尤其是新加坡华侨林谋盛写给妻子的侨批，因附着时代的痕迹而令闻者落泪。当厦门卫视《南洋家书》纪录片制作团队前往新加坡采风时，他们从林谋盛的后人口中，了解了这封新加坡版《与妻书》背后的故事。祖籍南安的林谋盛幼年在鼓浪屿上的英华书院就读，之后前往新加坡继承其父林路的事业，后被推选为新加坡建筑工会会长。抗日战争爆发后，林谋盛奔赴在一系列抗日救亡运动中，还组织了华侨抗日义勇军开赴前线，后来潜入敌后开展活动。

女儿林蕴玉和儿子林怀玉对父亲林谋盛最后的印象，便是某一天父亲匆匆到家后，"他拥抱了我们每一个人，然后就离开了"。之后他们才知道，那时正是日军即将攻陷新加坡之际，身为抗日骨干的父亲已经上了日本人的追杀名单，于是他离开新加坡辗转前往中国重庆。在林谋盛在重庆准备执行一项秘密任务前夕，也许是心中有预感，他提笔给妻子颜珠娘写了一封信，他说："当我在那个难忘的二月早晨离开你的时候，原以为这只是短暂的别离。我原本计划在苏门答腊某处先找个栖身之处，等候安全时日再回来。我做梦也没想到，这一别竟成永诀！我明知道这是一项危险任务，但一旦接受就必须勇往直前。我的责任与自尊绝不允许我却步，每天有成千上万的人民为他们的祖国牺牲，如果中国要屹立于其他国家之林，她的人民必须作出牺牲。我唯一的顾虑是对你及子女们的责任。当时新加坡与厦门、香港之间已没有轮船通行，对我而言简直是晴天霹雳。我永远无法原谅自己竟然抛下你们不顾。"

就在林谋盛写完这封信后的两年，即1943年11月，这封《与妻书》才辗转送到颜珠娘手中，然而半年后林谋盛在马来西亚不幸被捕，一家人的团聚化作泡影，在狱中受尽折磨的林谋盛牺牲时年仅35岁。林蕴玉记忆中的父亲"是一个非常爱家的男人，每个周六他都会带我们去街上，吃冰激凌、喝咖啡"。在子女眼中，父亲与母亲是一对恩爱的夫妻，"他们是非常相爱才走进婚姻的殿堂的。"林怀玉对《南洋家书》制作团队说道。看到这封侨批，他们能理解父亲当初的选择，倘若将来他们的子孙问起，他们会自豪地说："我的父亲是一个来自中国的新加坡商人，他身上有很多中国历史和文化的价值观。"

各珍重，盼子归

在那个战火纷飞的年代，个人的命运尚且未知，更何况一封薄薄的侨批。纵然如此，海外的华侨也只能通过侨批了解家乡亲人的近况，对他们而言，收到回批往往意味着亲人的平安。1937年，在南洋谋生的黄允敏及兄弟给角美圩锦宅社田仔墘的家人寄去了一封侨批，信中提到对厦门可能发生战争的担忧："现中国与日本帝国主义战争，自阳上月初旬在北平起闹，……大约不久就到厦门战事发生，但接草之日，祈母亲往厦、鼓或你香港亲戚之所，暂避逃命为先，……前咱寄托同隆栈资项一条，领取出来交舅父安顿，办人家中逃资用。"

他们在信中提醒母亲及家眷往鼓浪屿上避难，或是提早前往香港投靠亲戚，并且叮嘱路上不要携带金银财物，以防被抢劫。黄允敏及兄弟虽然在南洋只是小店员或小店主，但他们对时局却十分敏感。就在他们寄出侨批不到一年的时间，日军便占领了厦门，不知他们的母亲是否按照他们所提的建议，安全逃过一劫，倘若安全避难，应该也会有一封回批辗转寄到南洋，令远方的游子宽心。

海外华侨对家乡事无巨细的关心，与他们大多数时候对自己生活状况"报喜不报忧"形成鲜明对比，这往往是受到中国传统孝道文化的熏陶。譬如厦门华侨林振德在写给父母的侨批中说："儿远离父母兄弟，不得随定省分劳，自知不肖，罪愆重如渊深。为人子者，其何能赎焉"。还有一封由南安码头镇寄往菲律宾的回批，批内附有中药处方，批信内容说："文曰母子之情，骨肉相嘱，愿其相聚，而不忍远离也，恨于无奈耳""此外是妙方付上：熟地三分，当归、酒芍甘杞、龟板、寄生各二钱，川弓，炙草八卜，葫芦吧子二，渣碗四煎，清水一碗半，煎存八卜七卜"。可知侨乡的亲人依然能从字里行间觉察出亲人未述诸笔端的苦楚心酸，他们的关心就通过像这样的中药妙方传递，盼望游子多珍重。然而对华侨及侨眷而言，真正能治愈他们的"良方"，应该是终有一日海外的亲人能顺利重返故土，共享天伦之乐。

闽南华侨是闽南侨乡社会风俗变革的推动者和实践者，他们将在海外接触的新事物与新思潮传入侨乡，继而重塑了侨乡社会的精神面貌。那些呼吁与实践行动背后的动力，则源自华侨对乡土的热爱，以及对侨乡步入近代化的期盼。

移风易俗，促侨乡文明

文 / 郑雯馨

游客在鼓浪屿历史文化陈列馆感受华侨历史（图 / 刘舒萍）

任何一地的生活方式的形成都是一个循序渐进的过程，通过适应所在环境而不断发展并最终以"传统"之名被固定下来。对近代中国东南沿海的侨乡而言，其生活方式的变迁是伴随华侨的频繁流动而来，通过侨批汇入侨乡的钱助力了侨乡的繁荣，批信中流露的新思潮同时潜移默化地影响着留守侨乡的人。

禁奢侈之婚嫁

在以华侨为主导的移风易俗变革之中，侨乡的精神风貌也经历了多次的重塑，尤其是闽南传统婚俗思想的转变。清代闽南士绅阶层于婚嫁一事上多有攀比竞奢之风，《厦门志》（道光版）中记载，厦门女子出嫁的妆奁多达几十箱；1931 年出版的《厦门指南》谈及厦门婚俗

归侨把南洋的文化和生活习俗带回了故乡

早期结婚场景

时直言："独聘金之厚，礼物之多，一时犹未尽改。"19世纪中叶以后，随着众多闽南华侨下南洋谋生，一些富有的华侨荣归故里，兴起新一轮奢侈婚礼的风气。在闽南师范大学文学院讲师魏宁楠看来，这种现象更像是一种炫耀性消费："人们通过带有浪费特征的炫富行为表明自己的阶层与身份，从而与其他阶层区隔开来，并借此赢取社会荣誉。"

在此风气影响下，闽南地区的普通民众及华侨由衷地感叹"结婚难"。譬如一位海外华侨杜成通在写给厦门同安灌口的妻子杨氏的侨批中劝嘱："对于婚姻一层，非不节省不可。夫我漳、泉二府，几十年来番客影响。每一次嫁娶二事，莫不极尽奢华，以徒（图）夸耀一时，结局负债累累。"清楚地揭示了奢侈婚礼对侨乡家庭的不良影响，有的是倾尽家财办婚礼，有的甚至还要四处借贷来撑场面，全然扭曲了婚姻的本质。与此同时，出现了反对奢侈婚礼的声音，据魏宁楠介绍，1934年，以晋江金井毓英小学校长许志泽为代表的有识之士，自发成立民间社团"徇金深风俗改良会"，并颁布了《徇金深风俗改良会细则》。值得一提的是，改良会的经费均由晋江籍华侨捐款拨付，这体现了华侨的文化自觉意识。

伴随反对奢侈婚礼之风而来的，是近代闽南侨乡新式婚礼风俗的兴起。首要的一点便是遏止聘金和嫁妆的攀比风气，在垄川打拼的华侨黄芳顶写给漳州廿七都长洲的女儿黄粉粿的侨批写道："若论聘金一事，可免言明。古人有云：'随伊奉送，随咱奉嫁。'及至礼仪、礼物大约种种，世事足用，未免多开破费。"可见在闽南侨乡婚俗变革这一事上，华侨依然是最重要的推动者。

破迷信丧尚俭

除了竞豪奢的传统婚俗，闽南地区还有不少繁杂且带有迷信色彩的旧俗，举行这些仪式自然也要花费不少银钱，故而一些海外华侨也会在侨批中劝导侨乡亲眷尽量简化某些仪式、切勿陷入封建迷信。比如菲律宾华侨吴家编寄给晋江的妻子的批信就提及："奢侈迷信鬼神烧金纸，种种不法无影无踪开费……有何目的？瓮中无米，腹中饥饿，神鬼即能赐尔免食自饱？无钱能得给尔钱使用？"这一观点显然是华侨在海外接触了西方礼仪及习俗后逐渐形成的，同时也契合华侨群体的勤俭治家理念。

在推动侨乡社会陋习旧俗改革过程中，传统丧葬习俗由于根深蒂固，无法轻易改变。比如泉州旧时对丧葬仪式保持"以俭薄为耻，提倡厚葬"的态度，一套完整的仪式要持续很长的时间，其中一项"做功德"不仅耗费过多钱财和时间，还带有封建社会的迷信印记。为此，一些开明的闽南华侨以身作则，率先提出简化丧葬习俗，从华侨黄开物与亲属往来的侨批信件中，人们可以感受到他对变革的态度。当他从妻子的来信中获悉外祖父去世，虽然心中悲痛，但他在回信中告诉妻子："愚窃以为现时开通时代，凡诸俗习，宜当改良，方有益于社会风俗，令母舅亦是明理者流，必能撙节虚糜，以求实事，如延僧超度，皆是虚无之事，若能破除，此后人群必日进文明也。"可知黄开物认为哀悼亲人应出自本心，铺张排场只是顾虑世俗的眼光，并无太大意义。在当时的背景下，他能够劝导妻子操持亲人的丧事删繁就简、薄葬短丧，且不介意外界的非议，实属难得。

与破除陋习旧俗相对应的是，一些先进的科学技术和进步思想也经由华侨传播到侨乡，例如许多青年男女对自己的命运有了更多的认识，表现在拒绝包办婚姻、努力掌握一技之长甚至投身革命，参与反封建统治的斗争。这一切与华侨的积极推动密不可分，也再次证明海外华侨的跨国经历对侨乡社会习俗潜移默化的影响。

卑女思想之"放足"

走出国门的华侨在海外接受了新思潮的洗礼，自然而然也会将这些感悟写进侨批里，当中就包括女性解放的思想。闽南华侨黄开物就劝说妻子放足一事，写过许多封侨批，时间跨度从辛亥革命前至民国初年，可见观念转变之不易。最初他从马尼拉寄给妻子的侨批中写道："愚欲与卿相商一事最利便乎卿，何也？放足是也！放足之益实有数层，行路免艰难也，出外舟车免畏怯也，操作自由也，有此三利而无一害，卿何始而不为？"循循善诱地解释放足对妻子的好处。然而缠足这一陋习沿袭千百年之久，想来黄开物的妻子一时还无法下定决心，故而黄开物一再于批信中提及此事，直到1913年他寄回家中的侨批中写道：

20 世纪 80 年代，厦门第一家侨办学校龙山学堂旧照

曾营小学始建于 1911 年，原名龙山学堂（后为福建女子学校），由缅甸著名侨领曾广庇所创办

"至汝放足一事，切当实心而行，万勿将鞋收贮，不肯放足，是所致嘱。"想来他的劝导有了好的回应。

相较于留在侨乡社会的人来说，海外华侨更早接受了男女平等的观念，居菲律宾的李荣基得知家乡的妻子生了一个女孩时，满怀欣喜地给晋江金井的岳母寄去了一封侨批，他在批信中直言："我国旧俗礼教，往往轻视女孩重男孩，唯婿独以不为然也。"相较于传统闽南社会对女性"相夫教子"的固化形象，一些海外华侨则是在侨批中提醒妻子，不要过早给女儿商议婚事，而是要敦促她多读书。可见其意识到女性教育的重要性。

"即女学一事，亦有热心实力倡为之者。……知闺门教育之不足，不惮孤力之寡助，起而为社会教育之事，求有以斐变通国之女子。"清末思想家严复强调女子教育之重要的观点，以华侨为主导，在闽南侨乡得以实践。譬如陈嘉庚在家乡兴办集美女子小学、祖籍南安的华侨王辟尘及夫人李灵芬在泉州兴办泉州华侨女子公学、侨居缅甸的华侨曾广庇在厦门杏林捐资办龙山女子学堂等，这些学校的兴办使得闽南侨乡的女子得以享受与男子同等的教育机会，当她们掌握了一定的学识，不仅可以更好地协助家庭处理内外事务，更有甚者能因此获得自立，在婚姻、事业等方面有了更多的选择。于侨乡社会而言，这何尝不是一种移风易俗、从传统迈向现代观念的表现。

见字如面

批里没有华丽的言语，却道尽
了亲情骨肉血泪的故事。岁月尘封，
批里的情感依然明亮如黄金，快乐
或者辛酸都会引起共鸣。让我们一
起从朴实的侨批资料中，品读人生，
品味世遗！

金日集团董事长李仲树是华侨世家出身，1岁时，父亲便到菲律宾打工，等父亲回来时，他已经18岁了。在无数封的侨批中，他感受到父亲对故乡对亲眷的思念是那样牵魂入腑。关于回批，他印象最深的一封信，上面仅有一个"年"字，"年"字的最后一笔是弯弯曲曲的，意味着年尾了，家里等米下锅。

金日集团董事长李仲树是华侨世家出身（图/刘璐）

那封回批只有"年"一个字

文 / 刘舒萍

福建南安九都，地处南安、永春、仙游三地交界，周边连绵的五座大山围出一个锅底般的盆地，唯有悬崖陡立的紫云山与鸡冠山夹峙中的湍湍急流，是通往外部世界的水道。谁也算不清有多少代人在这里苦斗过，但每代人又摆不脱打柴、种地、放排的劳作。

1949 年，李仲树出生于九都镇渡潭村，作为一个地广人稀的偏远小镇下面的一个小村庄，这里的生活清苦。穷则思变，向往山外生活的人们渴望通过外出打工或下南洋改变命运。就在李仲树呱呱落地的那一年，父亲李雅芬也像他的前辈漂洋过海去了菲律宾，这一去就是18 年。

出洋过番，交通不便，难以归家，李雅芬时常寄信回家，但由于不识字，寄回家的侨批大多由同在菲律宾的三弟（即李仲树的三叔）代笔。一封薄批，几句嘱言，深藏了数不清的艰难步履和在"爱拼才会赢"中流过的辛勤汗水。相比其他人，李雅芬定期寄侨批，两三个月就寄几十块钱回来。于李家而言，这不仅是赡家费用，也是海外亲人平安的信号。

少年时，李仲树常给母亲陈于英读父亲的来信，虽懵懂，但他依稀触摸到父亲的乡愁与苦涩，欲进不得，欲退不能。另一方面，丈夫为家下南洋，陈于英留在家里侍奉公婆、养育子女、撑持家业，从此，陈于英孱弱的肩头多了一副男人的重担。李仲树曾见过一封寄往海外的信，上面仅有一个"年"字，"年"字的最后一笔是弯弯曲曲的，意味着年尾了，家里等米下锅。

在李仲树眼里，母亲是伟大的、智慧的、坚韧的、慷慨的。生活中，陈于英很是节俭，不舍得吃，不舍得穿，不舍得用，但会不遗余力地帮助乡邻，这种精神深深影响了李仲树。

在渡潭村，李家的日子过得不错，早早地盖起红砖大厝。据李仲树介绍，起大厝时，他还在襁褓，父亲也特意从海外赶回来。哪知一天深夜，土匪上门抢劫，父亲被打伤并被绑在柱子上，所幸，土匪洗劫一番后就离去了。之后，父亲又踏上前往南洋的船。

胡马依北风，越鸟巢南枝。无论是否事业有成，许多华侨最终的心愿都是落叶归根。1967年，在外打拼18年的父亲归来了，遗憾的是仅一个月零三天，因积劳成疾而撒手人寰。悲痛中，悬壶济世的梦想种子在李仲树心中破土而出。但是，读高一时，"文化大革命"发生了，李仲树成了回乡知青，后成为"赤脚医生"。

李仲树说，一生中失去过很多机会，也遇到过各种各样的挫折，但人生就像是因缘际会的舞台，一扇门关闭时，总会有另一扇门向你打开。1972年，李仲树的命运出现了转机。华侨世家出身的他获得赴港找工的机会，按当时国家规定，每人凭借着"出国证"可以领到5元港币。

就这样，李仲树攥着湿皱的5元港币只身闯香港，走上了未知的前途。事实上，扣除1.5元火车票，到香港时，李仲树的口袋里仅剩下3.5元港币。人在他乡，生活如萍漂浮，但李仲树坚信路是人走出。历尽坎坷，1979年，李仲树与其兄李仲明联手，创办了他们事业中第一家香港华益贸易公司。这年，李仲树刚刚步入而立之年。1982年，到香港后的第10个年头，李仲树赚到了自己的第一桶金：100万港元。

事业有成，便兴故国桑麻之思。这时，九都已不复存在，连同父亲盖的红砖古厝一起沉入山美水库的粼粼清波。20世纪70年代，因家乡建设水库需要，李家举家迁居同安五显镇，从那时起，同安成了他的第二故乡。

"我是同安的一分子，是家乡的这片热土给了我力量，我是从这片热土走向海外，走向成功的，这里的一草一木都让我牵挂。"同安这块土地养育了他，他又把那片拳拳赤子情洒向这块热土。李仲树直言，这一切离不开母亲的教诲。

1989 年，李仲树收到了一封家书。信上说，同安的村办中心小学破败，村民准备新建学校，但捉襟见肘，希望海外的同安乡亲能够帮忙出资修缮。那时李仲树公司正处于扩大规模期，也急需资金，但是母亲的话却让他深思："虽然这时候叫你们兄弟俩出钱相当于'从身上割肉'，可你们好歹有'肉'可以割，村里的人都瘦得皮包骨头的。"

至今，说起母亲，李仲树仍有一种难以言表的崇敬，这不仅是传统意义上的养育之恩，而是母亲的品德和精神影响了他整个人生。几十年来，李仲树和金日集团积极参加各种慈善和社会公益活动，累计捐赠数千万元。

李仲树观察到年轻一代的华侨子女，跟老一代的观念不同，老一代有一个乡愁，老了要落叶归根，回到家乡，但现在年轻人想落地生根，"我要用自己的感受来影响他们，让他们多关心自己的国家，我们是炎黄子孙，我们是中国人，我们是龙的传人，我们应该关心自己的祖国和家乡。另外，国家强大是我们华侨的骄傲，也是我们的靠山，我们要把这个思想灌输给我们的侨二代、侨三代。"

落叶归根，根深才能叶茂。从李仲树身上，我们看到那一种代代相传的爱国爱乡情怀，那一颗朝朝暮暮感恩故土回馈故国的奉献之心，令人为之唏嘘动容！他对祖国对乡土的爱，如金色的阳光，天长地久！

孙吉龙精心收藏着近 400 封侨批，这些侨批多为孙吉龙在新加坡的三位伯父以及外祖父母一家所寄，而这其中又以其大伯父孙生元所寄最多，它们是那么生动、真诚。侨批中的字字句句，有桑梓之思，有胼手胝足，有聚力宗族，这些简单的叙述似乎只是生活的碎片，但却展现出了海外华侨们的坚韧和深情。

近 400 封家书
读懂三代人的思念

文 / 刘舒萍

孙吉龙看着侨批，追忆亲情往事

集美孙厝，这座古朴的小村庄，蕴藏着深厚的人文底蕴。历史上，孙厝由于濒临海边，许多小港直通村中，为村民下南洋过台湾提供了便利的条件，这里曾经繁荣一时，富甲一方，是闻名遐迩的华侨村庄。陈嘉庚的母亲是孙厝人，著名侨领孙炳炎也是孙厝人，孙厝的乐安小学是陈嘉庚捐建的。今天故事的主人翁孙吉龙也是孙厝人。孙吉龙的祖父孙嘉槌迫于生计，自 1897 年远徙异国他乡谋生，辗转泰国、新加坡后重返故土。1920 年，陈嘉庚先生到孙厝创办乐安学校，孙嘉槌捐陋舍以助。孙厝人才辈出，人文蔚起，与孙厝人自古崇尚教育的传统有关。当时孙厝下南洋的子弟大部分都粗通文墨，很多在外发展有成的人，回到家乡，都会选择捐资助学。

大伯父寄信最频繁

孙吉龙的父亲孙抛狮是家里老么，上面有三位兄长。长兄孙生元是一位读书人，善文，写得一手好字，但不善农活，为此，想要到南洋闯荡一番，希望能在异国他乡"碰碰运气"，于是，在 20 世纪 20 年代从孙厝去新加坡。1926 年，孙吉龙的祖父去世时，孙抛狮三兄弟年纪还小，孙生元无法兼顾两边，只带走二弟，三弟寄在集美亲戚家，孙吉龙的父亲和姑姑则寄在霞梧亲戚家，每月按时寄钱，从未间断过。三兄弟先后于 1930 年、1934 年、1938 年到新加坡。

"下南洋"是为了生计，但闽南人素来就有"留一个在家乡拜祖先"的思想传统。因此，在一番商议之下，只有孙抛狮愿意回到国内照看老家。此时，孙抛狮已结婚生子，新娘子是华侨二代，在马来西亚出生，她的父亲是集美大社人。1948 年，孙抛狮携妻小回到家乡，兄弟四人分居两地。

孙吉龙说，回老家后，父亲为重整家业，将积蓄消耗得差不多了。"我印象中，基本上每月都会收到信，这意味着每个月寄一次钱回来。当时，如果没有海外这些亲人，我们估计早就饿死了。"孙吉龙感慨道。

孙吉龙出生于 1951 年，兄弟姐妹 12 人中，只有他的大姐是在新加坡出生。孙吉龙说，三位伯父，大伯父孙生元寄信最频繁，一个多月就寄一次侨批回来，平均每次汇来 200 多港币（彼时 100 元港币可兑换 42 元人民币）。当时一个大学毕业生月工资才 30 多元。这样看来，当时孙家的条件确实不算差。另一边，孙吉龙的外祖父一家也经常接应他们，"我妈妈有 9 个兄弟姐妹，只有她一个人回来，其他的都在新加坡。"

　　国内亲人的衣食住行是海外华侨时常挂在心头的大事，而为了满足家人物质上的需求，他们更是竭尽所能。笔者见到一封孙生元的寄物清单，有潘高寿咳嗽水、补血气丸、退热散、六神丸、女乌皮鞋、花布、高丽参等，侨批里所提及寄回家乡的物品，在如今看来很多都不是罕见之物，但在那个年代，却犹如十里春风，暖人心怀。在孙吉龙的印象中，父母会把南洋寄来的食品、药品、衣服分给左邻右舍、亲朋好友，即使在最困难的时候，也不改其乐于助人、周济乡邻的热心。

　　孙生元关爱晚辈，鼓励侄女勤学上进，从 1964 年的一封侨批可见一斑。在信中，孙生元这样写道："碧容既好学，理应励其升学，亦免被碧容之所失望也，每年学费及零用钱若干元如何主裁，回息未知，顺便付去港币八十元，至期收入，临书匆匆，不尽欲言当此达……"碧容是孙吉龙的大姐，学习成绩很好，考上了灌口中学，但在当时，女孩子读书的少，能上初中的更少，大多早早出来帮家里赚工分或做工贴补家用，在大姐要升初中的关键时期，是大伯父来信给予支持，表示愿意包揽学费。最终，大姐去读了中学。

　　孙生元在新加坡主要经营杂货店，过着非常节约的生活，但对弟弟一家从不吝啬，不过，如果是晚辈们的不合理要求，孙生元也会果断说不。有一次，孙吉龙写信给大伯父表达了想要一块手表的愿望，但这次的要求并未如愿。"大伯父来信说手表是奢侈品，小孩子不应该要，教育我们要懂得节俭。"孙吉龙笑着回忆道。

孙吉龙祖父孙嘉槌与妻女在泰国合影

孙吉龙大伯孙生元全家福

父亲的孤寂与思念

孙抛狮对每一封侨批如数家珍，也很有信件保护意识。"海外来的每一封信，父亲都仔细收着。什么时候接到信，父亲会在上面做一个标记。他虽不识字，但对这个倒是很认真。"每次收到信，孙吉龙的父亲总要去请妈妈的叔叔来读信、回信。孙吉龙长大后，改由孙吉龙回信，"不过，我回的信，他们比较看不懂，他们学的是文言文，写的是繁体字，我都是写简体字。我的三位伯父读的都是私塾，在私塾里，一个字可以代表好几个意思。但如果是写给我外祖父那边，就没问题。"大伯父比较老派，信笺大部分都是使用毛笔书写，写字是从右向左，竖着写；外公一家，尤其是就读南洋理工大学的小姨陈水英比较随性，大多使用钢笔，一行一行从左到右，写满换行。

中华人民共和国成立后，大伯父总共回来三次。孙吉龙印象最深的是1958年的夏天，那是大伯父第一次回来。当天下午，孙吉龙正和姐姐在山上放牛，不时有人热情向他搭话："你伯父回来了，你还不赶快回去！"孙吉龙一听，想飞奔回去啊，可是放羊的任务还没完成，不敢回去。"在村口可以看到我家，我就躲在树丛旁边偷看我家，刚好我父亲在喂猪了，还笑笑向我招手。"父亲一向严厉，孙吉龙很少看到他笑，这一刻，孙吉龙的内心也为之一振。

这一天，宗亲和乡邻都过来看望大伯父，家里热闹非凡，人声鼎沸，大多数是来打听他们海外亲人的情况。客人走了，父亲和大伯父还在聊，经常聊到凌晨三四点，别提有多开心了！年幼的孙吉龙不懂，严厉的父亲为什么突然变得这么健谈，他们怎么有那么多话要聊。长大后，孙吉龙理解了父亲的孤寂与思念，孤寂很深，思念很长。

1964年5月，孙吉龙的快乐是加倍的，大伯父又回来了，同时他还第一次见到了外祖母。"外祖母带来了两个高1米3、宽1米的大木箱，箱子里装的是衣服、缝纫机、自行车、饼干等等。""文革"期间，外祖父与大伯父先后各回来一次。1972年4月，外祖父启程前寄来了一封信，信的内容很简短："抛狮贤婿，来信已收到，我已决定于本月十六日（星期日）启程，搭'金华'号，直达汕头，如果你要来汕头接我，可自做准备，并麻烦你通知朝成弟一声。至于生元他可能不回了，大概是身体不太健康。顺祝全家安康。"一同寄来的还有孙吉龙的小姨陈水英的信。在信中，小姨鼓励孙吉龙书写进步，并告诉他，自己也准备了一些礼物给他：派克51钢笔一支、手提收音机一个、皮衣一件、笔记本数本、相簿一本。看到这些侨批，回忆往事，不由得让人感叹不已。

"生在华侨之乡，毕业于乐安小学、集美中学，耳濡目染，自小我就想，等哪一天有能力了，也要像陈嘉庚、孙炳炎先贤们那样为乡邻多做善事。老人常教导我们，有能力时，做点大事；没能力时，做点小事；有余钱时，做点善事；没余钱时，做点平常事，但坚决不做坏事。基于这一想法，我把公益的事当成自己的事来做。"孙吉龙追寻先贤，发起成立了厦门建安慈善基金会，凝聚慈善力量。

"我的哥哥养了我父亲的后半生，养了我的前半生。"洪允举珍藏500多封侨批，每当从箱底摸出泛黄的信笺，看着那些侨批，他依然感觉到有温度散逸出来，字迹的温度，眼泪的温度，念读的温度，还有夹藏的温度。哥哥洪松柏寄回来的信没有一封是不带汇款的，给了他和父亲富足的生活，"世界上再没有办法找到这样好的大哥"。

每看一次批，
就仿佛又听哥哥在说话

图文 / 刘舒萍

　　翔安下后滨社区，一位83岁老人珍藏着一箱侨批，大部分都是他的哥哥从海外寄回家乡的平安信。采访约的时间是下午，当天上午，老人戴上老花镜，小心翼翼地翻看、整理一封封侨批，泛黄、布满折痕的信纸背后有"见字如面"的问候，也包含了旅居国的时局变化、近期家人活动事宜等诸多信息。看着看着，老人的眼眶又红了，眼泪又顺着眼角流了下来。老伴打趣他，怎么又哭了。老人说，触景生情，看到这些侨批，仿佛又听到哥哥说话。

　　下午记者来了，老人热情地泡茶，老伴默契地招呼记者吃茶配，并趁机"告状"。"他一整理就是三个小时，差点错过吃饭时间。"老人解释说，这些信件和老照片都锁在箱子里，两年前自己摔了一跤，身体大不如前，记忆力也有所下降。言及哥哥，老人立马语带自豪："我哥哥9岁读私塾，读到13岁，又去读了2年多的小学，1928年去越南，这时我父亲已经40多岁了。"老人名叫洪允举，他的哥哥洪松柏下南洋时，他还未出生。

父子俩接力下南洋

洪松柏不是家中下南洋的第一人，他的父亲洪志双 1910 年曾到印尼峇眼亚比港讨海谋生。洪志双在印尼峇眼亚比港打拼了 10 年，一封洪志双在 1927 年之前寄回家乡的侨批可以印证这一点。泛黄的信封比成人的手掌还小，但字迹清晰可辨，右上角写寄"至溜江厚平社美厝甲"，正中表明由"小儿洪松柏收"，左上角备注外附大银 10 元，由"峇眼洪志双托"。

下后滨村历史上属于泉州府同安县管辖，原名"厚平村"。一封薄批，几句嘱言，加上微薄的血汗钱，成为海外游子对家人的拳拳之心。洪志双下南洋时，洪松柏只有七八岁。出洋讨海的洪志双虽然没挣到大钱，但有条件让小儿接受教育，等到他受伤从印尼回来时，小儿也长大了。

"你在家乡养老，我去外面打拼。" 15 岁的洪松柏最初的梦想很朴实，这次换自己养家，让父亲安享晚年，他不去印尼打鱼，买了张船票去越南西贡。随着洪允举的描述，笔者曾设想少年的洪松柏的眼神，想必，当他从厦门岛搭乘轮船前往越南西贡时，回头顾盼过，而后还是决然地扭过头去，去向没有答案的终点。一个人背井离乡，这也就注定了要经历一番艰辛的草创时期，洪松柏一开始以收酒瓶子、开打铁铺谋生，后来逐渐站稳了脚跟开起了典当铺。因生母已去世，担心父亲洪志双孤身在老家无人照料，洪松柏多次来信劝说父亲再婚。1939 年，洪志双再婚，3 年后，洪允举呱呱坠地。这一年，洪松柏 29 岁，已经在越南定居了。

"无论赚多赚少，每个月我哥哥都会往家里写信、寄钱。"洪允举说，自己虽然没有当面见过哥哥，但家里经常收到哥哥寄来的批信和礼物。给父亲写信时，洪松柏常用"父亲大人"抬头，在信的末尾写"儿松柏叩禀"，并盖上私章，最后附上祝福的话"福安"等字眼，表示敬重。

20 世纪 70 年代，洪允举（右二）的全家福

　　1946 年 7 月 5 日，洪松柏从越南寄回家乡的信件，引起了笔者的注意。在这封信中，洪松柏先是关切家里情况，因为自己在三月、四月、五月连寄三封信，每封信里面都有 10 万元，但至今还没有收到来信，他比较担心；二是预告表弟和媳妇准备从越南回来；三是解释自己为何没跟着一起回来，"奈因自战事和平以汐，法越冲突，儿亦受相当损失，是故不能同帮回归"。洪允举补充说，当时哥哥洪松柏在越南西贡开了三家当铺，受当时法越冲突的影响，生意确实损失很多，但哥哥每个月寄回来的钱却没有因此减少。

　　1952 年父亲去世后，"父亲大人"变成了"允举吾弟"，洪允举成了收件人。

堂哥洪文夸（左）回国寻根，两人
在老宅前合影

洪允举的父亲与哥哥接力下南洋，在通讯不发达
的年代，侨批成为亲人通讯的唯一方式

　　"弟在家务须尽力读书以求将来发展"，这是哥哥写在信中的一句
话。洪允举告诉笔者，整理信件与老照片时，看到这句话，感动不已。
哥哥的来信浸透着他对弟弟的一片深情，至今依然能带给洪允举见字
如面的思念与温暖。父亲去世后，洪允举年仅12岁，洪松柏承担起父
亲的责任，除了寄钱供家里花销、筹建房子外，还时常来信敦促洪允
举认真读书，"以免兄在外担心"，并表示"兄在外均平安"。据洪
允举介绍，从小学到高中毕业，哥哥每个月都会给他寄100元港币（当
时约42元人民币）。据洪允举了解，当时的县长，一个月工资也才百
来元港币，一个老师一个月的工资才30斤大米和四五块人民币，所以
当时学校的老师还会找他借钱周转。至于他要用钢笔，哥哥又专程委

托人带回了一支派克 51。

为全村的侨批代写回信

除了信件，洪允举珍藏了许多老照片，有 20 世纪 50 年代起大厝、建风水（给父亲迁坟）的照片，有 20 世纪 70 年代自己这个小家的全家福，原来每次拍照，洪允举都会洗两份，一份寄给哥哥，一份自己留存。谈起这栋精雕细琢的燕尾红砖古厝，洪允举眉飞色舞，当时特意请了三位惠安师傅，五六个小工，历时 8 个月，方盖起来这栋占地 350 平方米的大厝。历经岁月的洗礼，精雕的墙饰、木刻的门楣、滚花的房梁至今保存完整，"再过 100 年都不会坏掉！""比洋楼还漂亮！""哥哥当年要是去峇眼亚比，也建不起这栋大厝"。

"世界上再没有办法找到这样的大哥，没有他的信，我们怎么能活到今天。""你看这是我大哥的字，方方正正，一下子就认出来，文夸（大哥大儿子）的字就不同了。"聊天中，能感受到洪允举是个"哥控"，一路认真读书，也帮忙写回批。1958 年，在集美中学读初中的洪允举每月都会回家乡两次，每次回家，家门口都挤满了等待写信的人。"因为当时村里读书的人少，加上我们村是侨乡，几乎家家户户都有人在南洋，他们的亲人写信回来，我就帮他们回信。"洪允举说，写信内容大多是报平安的，也有告知家里生小孩、结婚等大事。经他代笔的信有上千封，一直到 2000 年通信发达了才没写。

1965 年的侨批中，有 2 封是关于结婚的，在第一封信中，哥哥写到"两青兄礼物以为汝结婚之用"。20 世纪 50 年代，越南地区严控侨汇，侨眷在提及钱时常用白米、洋针、布匹等单位替代，洪允举表示，"两青兄"指的是 2000 元港币。在信中，大哥提到"生理不佳，无法多寄"，这里的"生理"在闽南语中指的"生意"，虽然如此，但过了几个月，洪松柏又来信，并附寄了 1500 元港币。

洪松柏从越南移居美国后，还经常写信回家。遗憾的是因为生意繁忙，洪松柏没有回来过，不过，他的儿子洪文夸在改革开放后曾回来探亲过。洪文夸比洪允举大 5 岁，两人是叔侄，也是儿时的玩伴，没想到再见面竟然是 41 年后。当天，洪允举紧紧拉着洪文夸的手，嘴里高兴地念叨着"回来了，回来了"，两人在老宅前合了一张影。仔细留意的话，会发现洪允举家中挂有不少哥哥的家庭照。

洪允举珍藏的一张老照片显示，洪允举的嫂子在美国过世后，家人在她的墓碑上镌刻了"福建同安县和平村"的地名。和平村即前面提到的厚平村。1949 年后，厚平村改名"和平村"，再改名下"后滨村"，如今隶属于厦门市翔安区新店镇。以前海外华侨虽身居海外，却心系家乡故土，即使百年之后无法落叶归根，还以这样的方式来表明自己的出身，足见深厚的思乡之情，令人感动。

后来，洪松柏在美国过世后，洪允举专程请画匠给哥哥画了张遗像，并工整地写上了哥哥的生平事迹作为纪念。哥哥与嫂嫂的遗像至今仍悬挂在大厅。哥哥过世后，两家的往来并没有中断，不过，洪允举主动写信表示不用再寄钱了。对此，洪允举坦言："以前我们这边比较困难，他寄过来我们很高兴，但我们不能一生全部依靠人家，人不能一辈子当米虫。"

或受人之托，或主动介入，厦门、漳州、南安，到菲律宾，马来西亚……庄志鹏一直行走在义务寻亲的路上。寻亲过程如同大海捞针，有时线索少，他会依照姓氏，找到对应村落翻看族谱，将能打的电话都打一通，不放过任何一个有联系的细节人物。实在没有线索的，他就到当地的庙宇咨询，或到墓地对照碑文，一一查看……17年里，他帮助了20多名侨胞寻亲成功。

寻根，又不止于寻根

文 / 司雯

　　庄志鹏的曾祖父与其兄长曾是百年前"下南洋"中的一员，曾祖父突染疾病不治身亡后，家人再也没收到与曾祖父有关的信息。从知道了祖父与曾祖父的故事后，一个梦想悄悄在庄志鹏心里生根：等长大有能力了，一定要圆祖父的寻亲梦。

　　长大后的庄志鹏，一直未曾放弃寻亲的梦想。由于工作之便，他接触了很多海外华人，感受到他们身处异乡却无比渴望回到家乡、找到亲人的迫切心情，庄志鹏决定，在完成自己寻亲梦想的同时，也要尽最大努力帮助其他人寻根。于是，从2005年开始，庄志鹏走上了助侨寻根之路。17年间，他义务帮助了20多名侨胞寻亲成功。

千般辗转助好友寻归故里

2000年夏天，庄志鹏因为业务关系到马来西亚拜访客户，与从事同一行业的戴德政相识，两人很快成为至交。2005年5月，庄志鹏接到了戴德政打来的电话，电话里，戴德政提起了自己堂叔的寻亲愿望，拜托庄志鹏帮忙寻亲。

乐于助人的庄志鹏想都没想就满口答应了。接下来，庄志鹏与戴德政就寻亲进行多次沟通，戴德政尽量提供各种信息，庄志鹏从这些信息中理出头绪，筛选出了最有价值的两条信息——戴德政的故乡和他堂姑的姓名。

2005年，网络还不像现在这么发达，一开始，庄志鹏想到的寻亲办法就是自己开车去找人。他带着一张写着"福建省泉州市南安洪濑镇溪霞村"的纸条，一边开车，一边看着路标摸索。在人生地不熟的地方，在坑坑洼洼的南安乡道上，庄志鹏绕了一圈又一圈，却一无所获。庄志鹏陷入了沉思：盲目摸索是不可能有结果的，自己得另寻他路。

一天，一本厚重的企业黄页书籍进入他的眼帘。他猛然醒悟过来："有了！我可以用114查询溪霞村村委会电话。"想到这，他立刻用座机拨打了泉州的"114"号码百事通，并联系上溪霞村村委会的工作人员。庄志鹏把帮马来西亚朋友戴德政寻根的事告知对方，请求帮忙。对方痛快地答应了。

等待的日子总是漫长而难熬，正当庄志鹏几乎要放弃时，一个来电消除了他的忐忑。电话里，村委会工作人员告诉庄志鹏，他们通过宗亲会，找到了戴德政在溪霞村的族亲。听到这个消息，庄志鹏激动得语无伦次，他原以为万般困难的寻亲，却因一个"114"电话而有了突破，又因一个村委的电话，让寻亲有了完美结果。庄志鹏把联络方式记下来，当天，就把喜讯转达给了戴德政。

2005年11月，庄志鹏又接到戴德政的电话，电话里，戴德政告诉庄志鹏，自己家族决定回国省亲，同时询问庄志鹏能否提供相关协助。

17 年里，庄志鹏帮助 20 多名侨胞寻亲成功

庄志鹏听到后非常高兴，他也希望看到好友的寻亲有一个完美的结局。于是，庄志鹏立刻联络了在旅行社工作的朋友，一起为戴德政家族回国省亲做准备。

2005 年 12 月，戴德政一家老小 26 人，搭乘飞机从马来西亚飞到厦门，搭乘旅行社中巴前往南安洪濑镇溪霞村，庄志鹏也跟着一起去了。"亲人就在眼前，故乡就在眼前，看着戴德政一家与迎接的族亲抱头痛哭，令人动容。"庄志鹏说，这一幕，让他感觉"自己做了件好事"。从此，他走上了助侨寻根之路。

千里寻亲圆侨眷思亲之念

多年的义务寻根，让庄志鹏的名声在华侨圈里流传开来，越来越多的华侨找到庄志鹏，请他帮忙寻根，一些国内的侨眷也找来，希望庄志鹏帮他们找到在国外的亲友。

2020年7月1日一大早，庄志鹏接到一个地址显示为"漳州"的陌生来电。电话里，对方自报家门："我是漳州南靖的庄氏宗亲庄传芳，我手上有一宗寻找马来西亚亲人的寻亲委托要拜托您。"当庄志鹏问及为何会打电话给他时，庄传芳表示，他在全国庄氏宗亲群里看到了庄志鹏帮助海内外华人华侨寻根寻亲的事迹。他记下了庄志鹏的联系方式，希望庄志鹏帮他找到马来西亚的亲人。

7月2日一大早，庄传芳就到同安拜访庄志鹏。庄传芳带来了寻亲信函，以及亲人庄郝成多年前回漳州市南靖县奎洋镇松峰村认祖时留下的通信地址和庄周基公子孙图的复印件。在与庄传芳交谈时，庄志鹏能够感受到他话里行间的情真意切，挂念之情溢于言表。

结束和庄传芳的沟通后，考虑到自己对马来西亚的州府不熟，庄志鹏第一想到的就是请马来西亚的朋友帮忙。一番问询后，他找到了好友许友栋。

庄志鹏把庄传芳提供的相关资料发给许友栋，了解到该地就是许友栋所在的雪兰莪州。因为客观原因，许友栋没办法马上出发，但是许友栋根据信封上的地址，通过谷歌的定位功能找到了信函上的地址。地图显示，这是一处华人聚集区，其中一栋白色带院子的三层楼清楚地展现出来。得到信息后，庄志鹏信心十足，在他看来，能在华人聚集区找到具体位置，那么要找到庄郝成先生应该不难了。即使庄先生搬离了居住地，左邻右舍应该也会有相关线索。

很快，许友栋找到了庄郝成，说明自己的拜访用意后，这位满头银发、瘦削却精神矍铄的老人找出了自己珍藏已久的《庄氏族谱》，还拿出了一本自制的《庄氏世系族谱》，除了封面上印有"庄氏世系族谱"6个字外，左侧还写着"中国福建省漳州南靖县奎洋镇松峰村赤水口济美楼"。听到故乡亲人的找寻，庄郝成深受感动，这些年来，自

马来西亚华人许友栋伉俪回翔安下许寻亲谒祖，收到下许宗亲会的热情接待

己日渐衰老，许多事情已经力不从心。他请许友栋转达自己对故乡亲人的思念，并且附上了自己的联系方式。很快，许友栋就将这些信息转告给了庄志鹏。

当庄志鹏将寻亲结果告知庄传芳，电话那头的庄传芳激动极了。他向庄志鹏和许友栋表达了自己的感谢，并表示他一定会带着族亲、带着故乡亲人的问候和思念，亲自到马来西亚探望自己的叔叔庄郝成。

百折不挠寻得曾祖后裔

看着越来越多的华人华侨寻根、寻亲成功，庄志鹏想替祖父圆梦的念头也越来越强烈，但他也有自己的顾虑，手上资料太少，实在没有信心能够实现这个愿望。

寻亲愿望越来越强烈，2019 年 4 月起，庄志鹏开始着手自己的寻亲事宜。经过一系列的查找走访，庄志鹏寻找曾祖父、曾祖伯等相关线索基本明朗。2019 年 5 月 23 日，庄志鹏在缅甸《金凤凰报》上刊登寻亲启事，并同时发布在全国的庄氏宗亲网站上。

2020 年 2 月 19 日，庄志鹏突然接到了漳州老侨史专家郑来发先生发来的短信。短信中，郑来发告诉他，他的曾祖伯在缅甸的杰柳军埠。很快，庄志鹏从买到的《缅甸华侨概况》这本书里找到了"杰柳军埠"这 4 个字。此书中还详细记载了曾祖伯庄温琴曾经在杰柳军埠开办的华文小学，以及当时经营的商号"源振发"等。但是，因为随着时代发展，缅甸很多地名已经发生变化，庄志鹏无法从百度地图上定位到"杰柳军埠"具体位置。后在他人的指点下，庄志鹏发现"杰柳军埠"可能是由英文音译而来，于是他将英文输入百度地图，定位出来了，这是位于东吁和勃固之间的一个小镇。

有了地名，后续就顺利许多。缅甸安人里原理事长杜子明获得了庄志鹏曾祖伯后裔的电话，并将电话发给了庄志鹏。杜子明先生提醒，因为缅甸许多华人已经不会讲中文，建议庄志鹏找一个会缅语的朋友进行联络。同安区侨联原副主席许美玲亲自拨打电话并用缅语和老人沟通，表达了庄志鹏的寻亲愿望。老人表示因为年代久远，不敢保证庄志鹏曾祖父的坟墓是否还在。如果坟墓没有因征地被毁，应该还能找到，但是自己年事已高，到时如果自己的身体状况允许，他愿意带庄志鹏前往寻找其曾祖父的墓。

到此，庄志鹏的寻亲以几近完美的方式暂告一段落。虽然因为种种原因，庄志鹏还没有机会亲自踏上那片土地，但他始终相信，终有一天会到那个叫"杰柳军埠"的地方，找到曾祖父的墓，鞠一捧坟前的黄土回到中国。

三言两语，维系挚友多年情感；几封批信，蕴藏伙伴不变信义。在南安水头的吴亮顺老人家中，收藏着几封来自印尼与香港的批信。这些批信很特别，它不是亲人所寄聊慰相思的，而是来自老人父亲的合作伙伴。"光阴似箭，转眼又快春节来临……兄台计提红利港币肆仟叁佰贰拾元，今由银行汇上人民币壹仟壹佰元……"一张薄纸，寥寥数语的背后，是长达超过半个世纪不散的情与义。

过番来批见真情

文 / 司雯

　　"这是我父亲跟海外的好友兼股东往来的书信，也只剩这几封了，很多书信早年没有保存好，都被遗失或者烧掉，太可惜了。"吴亮顺老人从怀里拿出一个袋子，里面装着几封陈旧的书信与汇票。泛黄的信纸上，除了好友间的寒暄与问候，还有对公司经营情况与红利的介绍。老人说，1951年父亲回国后，与还在印尼的公司股东兼好友联系都是通过书信，由于寄送时间较长，每年来往的书信数量并不多，但父亲的好友每年都会准时把公司的收益分红用汇票的形式与书信一起寄回，这些汇款对当时一家人的生活起到了非常大的帮助。

吴亦涂一行人在印尼的合影

饱含对家人的挂念之情

20世纪初期，由于生活贫困，大量南安人漂洋过海"下南洋"，吴亮顺的父亲吴亦涂就是其中一员。1935年，吴亦涂与同村几位年轻人一起离开家乡，到了印度尼西亚谋生，在当地结识了同来打拼的安溪人陈影鹤，大家志同道合，以兄弟相称，合作买了一条船做起贸易生意。"当时，我父亲他们的生意，主要是在印尼和新加坡两个国家，一方面从印尼运送土特产到新加坡贩卖，另一方面把新加坡的工业品运回印尼销售。渐渐的，生意越做越大，父亲也就留在印尼发展了。"

吴亮顺老人说，父亲刚出国时，自己的大哥刚刚出生，由母亲一人

吴亮顺珍藏着几封来自印尼与香港的批信

独自拉扯长大。为养家谋生，父亲远赴南洋打工，漂泊在外，一开始是想着只要企业稳定下来，就能抽空回国看看家人，却没想到1937年国内爆发抗日战争，抗战结束后又开始解放战争，在两次战争影响下，众多"下南洋"的亲人都没办法回来了。隔着茫茫太平洋，父亲无法陪伴在妻子身边，也无法陪伴儿子长大，侨批便成了他与家里唯一的联结。

"以前邮寄渠道相对落后，批信在路上要耽搁挺长时间，延误也时有发生，因此，父亲每年从印尼寄回的信件也不多。"吴亮顺回忆道，自己曾经听母亲讲起，舅舅是教书的，学识比较好，也能看懂信件，于是每次父亲都会把信寄到外婆家，由舅舅代收，再转给母亲。"当时没有电话，舅舅收到信后，都要亲自来家里一趟，通知母亲信来了，再由母亲过去外婆家里，拿信和随信付回的钱。"吴亮顺说，这些早期父亲写给母亲的信件都找不到了，自己也只能从母亲口中了解一二，但可以肯定的是，这些信件里，都包含着父亲对家人的挂念之情。

1949年，中华人民共和国成立，海外华人都非常兴奋，吴亦涂自然也不例外。满怀一腔爱国之情，吴亦涂希望能为国家做点事。1950年，他在跑船到新加坡做生意的时候，认识了当地的地下党员，受他们所托，将五星红旗送去印尼，结果回到印尼后，被当地政府发现了，吴亦涂与同行的一位侄子都被关押起来。过了一段时间后，两人趁着守卫不注意，偷跑出来，从大门处铁丝网的下面边挖边爬出去。最终成功逃脱回到了厂里。惊魂未定之际，吴亦涂起了回国的念头，一方面是避避风头，另一方面也是想趁着祖国解放，回乡看看妻儿与其他亲人。1951年，吴亦涂安排好工作事宜，将企业托付给其他股东经营，自己终于踏上了回家乡南安水头之路。这也是他远赴印尼打拼后，16年来第一次返乡。

在踏上回乡路途之前，吴亦涂在自己企业门口照了一张相，本意是给自家子侄留作纪念，却没想到这也是他最后一次在印尼、在自己的企业外拍照的机会了。

"这份情与义太难得了！"

吴亦涂当时回乡，除了看望亲人外，也想趁此机会在家乡建房子。没想到房子一盖就是一年，直到1953年，才决定重新返回印尼。他从水头到香港，准备从香港赴印尼，却没想到碰上了一个大难题。据吴亮顺回忆，父亲到了香港后，当地的印尼领事馆告知他，原先的居住证已经过期，现在也不能给他办理新证。"父亲一直不明白为什么不能重新办理，可能是因为印尼政府收紧外来居住的政策，也可能是受到当时印尼国内严重的'排华'风气影响，总之，没有这张证件，父亲就没办法出境，只能重新回到水头。"吴亮顺说。

那时候，二儿子吴亮顺刚刚出生没多久，吴亦涂的大儿子准备上大学，到了 1954 年，吴亦涂的小儿子也出生了。家里老人孩子都需要照顾，因此，吴亦涂决定不再尝试申请印尼居住证，留在家乡从事农业建设。

就在吴亦涂专心照顾家里的时候，又出现了一个难题，当初从印尼回来只是临时起意，想着很快就能再回去，身上没有带太多现金，也没有处理在印尼的企业资产，现在回不去了，变得捉襟见肘。吴亮顺说，父亲的钱都投在印尼的企业上，回乡盖房的两万块人民币都是朋友先借的，回不了印尼，等于原有收入几乎没有了。

就在吴亦涂为家用发愁，准备做点其他营生的时候，一封从印尼而来的批信帮了大忙。"这封批信，是父亲的合作股东陈影鹤寄来的，信里除了表达对身在国内的兄长的慰问之情外，就是详细告知了这几年企业的经营情况，并附上了属于父亲的股份红利。"吴亮顺说，当时父亲去不了印尼，加上两地通讯不便，也无法再参与企业的经营，企业所赚的利润完全可以不给父亲分红，但陈影鹤还是认真地写了信，附上了钱数，"这是父亲一开始没想到的"。

这封及时的批信，缓解了吴亦涂一家人的生计问题。从此，陈影鹤每年都会在春节和中秋前后，将红利用侨批的形式寄回给吴亦涂。到了 20 世纪 70 年代，原先与陈影鹤一起合作的同乡也陆续回到水头，转向香港发展，印尼的企业基本是由陈影鹤来管理，属于吴亦涂的分红也始终没有断过。

"每次都是大几千元，这笔钱在 20 世纪七八十年代，算是很大的数目，对我们整个家庭来说，是很重要的一笔收入。"吴亮顺回忆说，父亲对好友的来信非常珍惜，每次收到看完后都会让吴亮顺保管起来，有时身体不好无法亲自回信，也会让吴亮顺代笔。

1983 年，吴亦涂去世，吴亮顺正在澳门打拼，通信加上往来交通的不便，等他回到水头时，父亲的葬礼已近尾声，原本收藏的一些书信也被家人当作遗物烧了。"很多信件没能保留下来，非常遗憾，这些信件都蕴藏着父亲对家人的思念之情和与好友的兄弟之情。"吴亮顺说，最让他感动的一点是，在父亲去世之后，陈影鹤也没有停止寄侨汇的举动，因为印尼的企业还在经营，红利也依旧准时送达，只不过收件人由父亲变成了自己。

"有时候我也在想，如果不给父亲分红也是正常的，毕竟父亲后面都没有参与经营，甚至在父亲去世后，这份分红也完全可以断掉。但陈影鹤始终坚持给付红利，这份情与义太难得了！"吴亮顺说。

1987年，印尼的企业因为时局原因，最终没再经营下去，陈影鹤也到了香港继续发展。随着电话的普及，书信往来逐渐淡去，但两家人的交情始终没断。

如今，吴亮顺的儿子接班在澳门和水头两地发展，与陈影鹤的后人交情也颇深。近半个世纪来，吴亦涂与陈影鹤之间的挚友之情，在两家后人身上得到了圆满的延续与升华。

SANTO CRISTO. MANILA

传统用语	白话直译	舶来用语

民国廿二年

贮迁

雪文
=
肥皂
由马莱语
"sap bun"
音译而来

文化破圈

　　侨批的故事，我们不敢忘记，当然也不会忘记。无论走到哪里，或者走得多远，我们都会时不时回头，因为那里永远蕴藏着我们的根脉。

桐月

条直

廿仔得
=
番茄
由菲律宾语
"kamatis"
音译而来

萱亲

手指

镭

爱，让黄日兴踏上南洋之路，又义无反顾地逃出矿山；

义，让华工阿祥用自己的性命换取了黄日兴的生还；

恩，将黄日兴的性命与华工命运，侨批之路紧紧连在一起；

孝，让远隔千里的儿子无时无刻牵挂着父母和亲人；

俭，让黄日兴看到了华工们为了寄钱回家，省吃节用一分分积攒；

情，让黄日兴从此走上不归的水客之路；

诺，让黄日兴在翻船捡回性命之后，毅然变卖房子偿还华侨的银信；

拼，南洋路很辛苦，但闽南人义无反顾前赴后继地下南洋，为的就是让家人过上好日子……

在《侨批》中，编剧曾学文将闽南人的爱、义、恩、情、孝、俭、诺、拼融入戏中，写就了一部闽南人精神力量的赞歌，而这种精神力量至今还流淌在闽南人的身上。

歌仔戏《侨批》道尽悲欢离合

文 / 刘舒萍

歌仔戏《侨批》荣获"五个一工程"奖（图 / 林铭鸿）

1877 年，黄日兴在厦门开办一家专营银信汇款的"日兴批局"，成为厦门侨批史上最早被记载的名字。歌仔戏《侨批》以黄日兴为主角，进行艺术创作，展现一个时代闽南民众的集体命运。"写批""传批""收批""失批""还批""念批"，"批"成为这出戏生生不息的推动力。让人振奋的是，这部戏不是悲悲切切地表现苦难，最后观众看到了他们的奋斗和成功。中央文史研究馆馆员、中国文艺评论家协会原主席仲呈祥称赞说："要了解侨批文化，看完这部戏就懂了。它是对中国人乡愁乡情的真挚抒发，是对家国情怀的艺术阐释，是对中国精神的审美表达。"

还原了下南洋血泪史

"手中批纸，好像一座大山。多少人为它出洋过番，多少人为它妻离子散，多少人为它拼死拼活，多少人为它尸骨难还。"字字血、声声泪，质朴通俗、直抵人心，当男主人公黄日兴唱出这段对侨批的悲凉感慨时，入心入戏的精彩演出催下了很多观众的眼泪。

一封批，是故事的起点，更是故事的支点。歌仔戏《侨批》是一部反映 19 世纪闽南人下南洋艰苦打拼的故事，全剧 7 场戏，南洋、闽南两条线，剧情围绕着黄日兴与如意的情感戏主线而展开。1857 年，来自永春岵山岭头村的黄日兴告别恋人如意，怀揣"阿哥出洋去赚钱，赚钱来娶小妹伊"的梦想，冒险赴南洋演布袋戏，却被卖作"猪仔"，在与世隔绝的荒岛矿山做苦工。目睹华工生存现状，识字的黄日兴提出替他们写信，表示即使是千难万险，也要充当传递侨批的使者。

戏的前半段，因为没有"批"，满溢悲苦。因贫病缠身无法寄钱回家而死在自己怀里的阿昆伯，为了寄钱回来而省吃节用的那群华工们，为掩护他逃离金矿而付出生命代价的同乡阿祥，为了替母亲还米钱不得已改嫁的如意，每一次人物命运的转折都与"批"紧密相连，此番种种，环环相扣，层层递进，从此黄日兴与华工命运、侨批传递以及故土乡亲牢固地联系在一起。

　　全剧十分注重将人的命运和情感与侨批银信紧紧相扣，南洋的一封信，就是一家人的悲欢。当黄日兴将一封封信汇念着名字送到招治、土水妻、阿火妻、永贤妈等众人手上时，村里的女人们顿时百感交集。戏的后半段，因为有了"批"，充满希望，第六场的采茶歌舞和第七场的盖新房歌舞穿透苦难，带来一抹欢乐与一线光明。

　　15年后，侨批给家乡带来了变化和希望。可"南洋船翻了"这一突发海难事件成为另一个触发点。船覆人伤、信汇沉入大海，黄日兴捡回一条命。按行规，他是不用赔偿的，但面对望穿秋水的等批人，黄日兴作出承诺，表示愿意将其厝宅卖掉作为赔偿。熟悉闽南侨批历史的人，一眼可以看出，这里参考了天一信局郭有品的故事，不同的是，紧接着故事有一个反转，侨眷被黄日兴的精神所感动，不要黄日兴的赔偿，反而写信告诉家人，自己收到了。侨眷的举动，让原来差点意志消沉的黄日兴重整旗鼓，他在南洋和厦门开办批局，并且升起了一面"批"字旗，正式开始了其办理侨批的业务。

　　舞台上的他们是过去常听到的"番客"和"番客婶"们。韵味十足的唱词、跌宕的剧情和演员的倾情演绎，还原了晚清时期国人下南洋的血泪史，让在场观众深深沉浸在跌宕起伏的剧情中久久不能自拔。

　　这也是我国首部以侨批为题材的戏曲舞台艺术作品。该剧的创作团队汇集了三度曹禺剧本奖获得者曾学文（编剧）；多部文华导演奖获得者韩剑英（导演）；多部文华音乐设计奖获得者江松明（音乐设计）；多部文华舞美设计奖获得者黄永碤（舞美设计）；中国艺术节表演奖获得者庄海蓉、梅花奖获得者苏燕蓉、中国戏剧节优秀演员奖陈志明、国家一级演员曾宝珠等资深演员出任主要角色，同时还有一批优秀青年演员参与其中，阵容强大。

歌仔戏《侨批》编剧曾学文是缅甸归侨后代

荣获"五个一工程"奖

该戏编剧、厦门市台湾艺术研究院院长曾学文生在闽南,对侨批并不陌生,他的爷爷奶奶是缅甸归侨,在 20 世纪 30 年代从缅甸仰光回到厦门。从小的生活环境加上后期因为工作于研究院的关系,让他知道,一封"信"的重量究竟有多重——侨批是无数闽南华侨华人魂牵梦绕的乡愁记忆和文化符号,它背负着闽南人下南洋的历史,包含着无数人的生与死、苦与乐、艰辛与希望。侨批的到来,让一家升腾起生活的希望,而对于侨批中隐含的心酸故事,人们总是尽量地淡化它,心酸与冷暖只有自家人知道。

2013 年,当"侨批档案——海外华侨银信"入选联合国教科文组织《世界记忆名录》,一种直觉告诉曾学文,这是一个大有可为的题材,"因为每一封侨批,都是逃过死神追杀后活下去的希望;因为每一封侨批都是一家人悲欢离合的故事;因为每一封侨批,就是一份海外华侨的血泪记录和对故乡家人的牵挂。"于是,他开始关注侨批的故事,真正触发他开始动笔的其实是 2015 年厦门市人大代表的提议,提议将厦门轮渡广场打造成为厦门的"侨批文化广场"。作为厦门的艺术工作者，一种文化责任促使着曾学文提笔创作，写下了一出闽南人背井离乡、勇闯世界的生命赞歌。

在无数侨批里，最让曾学文感动的是不管生活多么艰辛，寄钱回家奉亲养家是中国男人的责任以及对家的承诺。故而，在写作《侨批》时，曾学文一直思考闽南人的性格是什么，闽南人的精神是什么？他说，虽然"爱拼才会赢"概括了闽南人的精神要义，但闽南人群体个性中的人格力量，仅一个"拼"字还无法概括下来。在他看来，闽南人下南洋是一段刻骨铭心的苦难史，如果今天的写作还停留在回溯苦难，已经没有多大意义了，他所看重的是侨批背后的精神力量。"一个人无论你走多远，家永远是中国人回望的据点和承担的责任。当年下南洋的华工们，拼死拼活就是为了寄一点钱回家，让家人过上好日子，而在交通资讯如此发达的今天，每年春节回家过年的集体大迁徙，依然牵动着亿万中国人的心。世界在变，唯有'家'一直是中国人内心最深处的根。"曾学文认为，侨批的文化价值已远远超出"世界记忆名录"的价值，因为它是中国人"家文化"的精神传递。

曾学文于 2015 年完成初稿，先后修改了七稿，2018 年 11 月，歌仔戏《侨批》迎来首演。此后多年，这部戏载誉归来，不断进入大众视野，从入围国家艺术基金 2019 年度舞台艺术创作资助项目、第十六届中国戏剧节优秀剧目、国家艺术基金 2020 年度大型舞台剧和作品滚动资助项目，到成为 2020 年戏曲百戏（昆山）盛典开幕大戏、福建艺术节一等奖剧目，再到摘得第十六届中宣部精神文明建设"五个一工程"优秀作品奖。

《侨批》也是厦门第四部获得"五个一工程"优秀作品奖的戏剧类作品，前三部分别是歌仔戏《邵江海》、歌仔戏《蝴蝶之恋》、高甲戏《大稻埕》。一座城市四获"五个一工程"戏剧类优秀作品奖在全国并不多见，更特别的是，这四部戏剧的编剧都是曾学文。

反复打磨与二度创作

2020 年 10 月，以"汇中国百戏展戏曲新颜"为主题的戏曲百戏（昆山）盛典在昆山举行，来自全国 25 个省、自治区、直辖市及港澳台地区的 116 个戏曲剧种齐聚一堂，歌仔戏《侨批》不仅入选，而且还作为开幕大戏隆重上演。原本对侨批极为陌生的北方观众，被歌仔戏《侨批》所吸引。据文旅部艺术司"文艺中国"快手号、光明网新媒体矩阵等数据统计，当晚《侨批》直播观看总量达 1131.2 万人次。

此次活动，为《侨批》进一步走向全国提供很好的契机与平台，更让曾学文惊喜的是，两天后，习近平总书记在广东汕头侨批文物馆考察时高度肯定华侨的贡献："他们在异乡历尽艰辛、艰苦创业，顽强地生存下来，站稳脚跟后，依然牵挂着自己的家乡和亲人，有一块钱寄一块钱，有十块钱寄十块钱。这就是中国人、中国文化、中国精神、中国心。"一时间，侨批成为全世界华人关注的文化焦点。当天晚上，曾学文的手机里塞满了各种贺信。

戏剧人都知道，制作出一部思想精深、艺术精湛、制作精良的剧目，并非一蹴而就，而是需要无数次的精雕细琢和反复打磨。列入国家艺术基金滚动项目的剧目，更要经过"三改三演"、不断打磨提高的淬炼过程。曾学文并不怕改剧本，反而认为那是自己特别愿意做的事，就剧本层面，每一次修改，他都在思考如何让剧中人物个体命运走向更大格局，从角色的行为动机、人物内心戏如何表现得更加充沛、剧情节奏的把控等方面不断丰富人物的情感厚度。

主创团队根据每一次剧本的修改，在音乐、舞美、灯光及演出等各个环节进行提升。以舞台为例，台上加设了侨批形状的转台，这个转台可视为船、信、矿山，给人以丰富的联想。男女主人公的唱词亦变化不少，更突出演员内心的复杂情感，也更显戏剧效果。最终呈现出一部被专家称赞"简洁而丰富、简洁而传神、简洁而厚重、简洁而优美的戏"。

先后修改 7 稿的歌仔戏《侨批》，力求打造成侨批宣传的文化品牌（图／林铭鸿）

　　曾学文的剧作空灵、跳脱，总能给二度创作留下空间。戏里面有几个细节用得非常精妙，比如米一直贯穿始终。在序里，如意满怀憧憬地唱道"等哥船头装白米、返来船尾带番银"；到了第二场戏，如意因"母亲这几年借的米钱"遭逼债时，涕泪纵横"无米饥饿像霜雪，贫穷将爱烧成灰"；到了最后一场戏，南洋船翻了，是如意站出来表示，米是她心中翻不过去的一座山，她拿出来钱来，让黄日兴"拿去还给急需买米的侨眷"。

　　再比如，布袋木偶，全剧从董永与七仙女难舍难分的布袋偶戏表演开始，两个木偶象征着他们的命运，从偶人的分离，再到木偶的重逢，却是二人爱情的悲剧性结束，到最后木偶不在了，但扮演的手势还在。

　　这出戏吸收很多闽南地方文化，比如拍胸舞、采茶舞等。在戏的前半段，因能寄信回乡，华工们高兴地群舞，他们脱下鞋子，高兴地在

每一封"批"，便是一部"家史"

胸前拍着，以此展现他们写信时的喜悦。之后，黄日兴一句"让他风风光光地魂归乡里"，数人抬起阿昆尸体，群众沉痛地拍胸、拍腿，和之前的那段拍胸舞前后呼应，为戏的观赏性加分。

请把《侨批》带到城隍庙来

在戏中，有这样一个细节，回不了国的阿昆伯临死前让黄日兴到城隍庙帮烧一张船票，好让他魂归故里。据曾学文透露，这一灵感来自观众。一位马来西亚华侨介绍说，华侨在外的日子，大部分不好过，不少人终其一生未返回家乡，临死前，他们会要求家乡的亲人在当地城隍庙给他们烧一张回家的船票。这一细节深深触动了曾学文，华工勤俭节约，喝稀粥配菜脯，也要寄钱回去盖大厝。"赚钱出外洋，心肝不离乡。人做他乡客，心怀家乡苦，块块银洋寸寸心，隔洋难离是故乡！是故乡！是故乡！"剧终的合唱朗朗上口，既是写实，又是写情，更是写意，体现出浓浓的家国情怀。

　　每一封"批"，便是一部"家史"，演绎着每个家庭的喜怒哀乐、悲欢离合。在巡演的日子和线上直播的日子里，时常有侨胞泪满襟，一方面谈感动，一方面补充细节。新加坡原戏曲学院院长蔡曙鹏教授撰文写道："《侨批》主创团队的文献意识帮助了创作者从人物的内心出发，去感受那个时代的华侨坚韧不拔、奋勇前进、不被厄运和灾难吓倒的大无畏精神，尤具社会价值和历史意义。"在文章中，蔡曙鹏提到这样一个细节，他去韭菜芭城隍庙看百日大戏中的一台潮剧，与一些歌仔戏戏迷不期而遇。张嫂问他："您知道吗？我女儿帮我上网，看了厦门歌仔戏剧团一部叫《侨批》的新戏，很好看！看到我哭啦……"她还没说完，另一位戏迷说："哎呀，网上看戏不过瘾，您一定要等疫情过了，就请他们把《侨批》《邵江海》带到城隍庙来！"。

　　如今，戏曲电影《侨批》也正在创作打磨中，在电影中，增加了这样一个细节：多年以后，如意的儿子也跟着黄日兴一起送侨批。回看《侨批》，曾学文坦言，心境依然像八年前那样，好奇心不但没有减退，反而在与观众的互动中，进一步感悟一封封侨批背后那令人喜令人忧的故事。

有关侨批的那段早已远去的历史，除了亲历者及侨乡后人，在闽南还有一些人以不同的形式，向大众展示、介绍闽南侨批的时代价值与人文魅力。

由青春动漫馆与泉州侨批馆联名推出的侨批主题的文创产品，一经推出就受到青年群体的好评
（图／受访者提供）

不止于"批"

文 / 郑雯馨

　　人潮熙攘的泉州中山路上，若不是有意寻找，很容易就错过通往泉州侨批馆的巷口，稍一拐弯就能见到一座三层红砖风格的番仔楼，这是祖籍泉州的旅菲华侨陈光纯于 1921 年所建，后由泉州市档案局、泉州市档案馆和泉州市文旅集团联合改造为泉州侨批馆。展馆内一张张发黄的侨批以及各类与侨批相关的展品、展板，向人们娓娓道来一个个华侨的感人故事，这些老物件也为文创设计者带来了许多灵感，以符合当下年轻人喜好的形式，赋予侨批新的生命力。

让侨批年轻化

　　小巧信封造型的明信片，最显眼的是正中的"一道红"，赫然印着"泉州"二字，诸如"爱拼才会赢""探大钱""欢喜就好"这类闽南俗语分印在信封两侧，加上三两处仿印戳的设计，让一些老华侨想起过去从水客或批脚手中接过的、那一封封远在海外的亲人寄回的侨批。对未经历过那个时代的年轻一代来说，这一俏皮的设计则让他们对侨批这一老物件产生了兴趣。

　　这一侨批主题的明信片，是泉州一家综合型品牌 IP 服务公司青春动漫馆与泉州侨批馆联名推出的文创产品，提起设计的初衷，设计师饭饭说："泉州的南益广场每个月都会推一个艺术家主题，我们的线下商店预约到了 4 月份的名额，正值清明前后，加上今年疫情情况好转，泉州有不少华侨回乡祭祖探亲，我们团队成员就想到，不如做侨批主题吧，然后根据这一主题做一些文创周边。"19 世纪中叶，闽南地区有数以万计的人搭乘厦门港口的轮船下南洋，他们在海外的拼搏所得通过侨批输入侨乡，不仅改善侨眷的生活，还助力家乡建设。作为福建著名的侨乡之一，泉州也是闽南侨批重要的集中地，当青春动漫馆团队决定做侨批主题的文创后，便想到了泉州侨批馆——那里收藏了琳琅满目的各类侨批，俨然就是灵感的宝库，在饭饭查阅、消化泉州侨批馆提供的种种资料的过程中，侨批信封上那抹显眼的红色一下就抓住了她的眼球，"这算是侨批一个比较有特色的元素，所以我们在设计这一系列文创产品时，就将这'一抹红'作为主基调。"

侨批不仅是一种史料，还蕴含书法、绘画、民俗等的传统文化元素，站在设计师的角度，就需要对这些元素做"加减法"，譬如侨批的批封上通常用毛笔写下寄／收件人的名字、地址及款项，饭饭就改用闽南语中的一些吉祥语，字体选择上也选择类书法的格式，考虑到当下年轻人的喜好，饭饭及团队选用了明信片、笔记本、冰箱贴、扩香香牌等产品形式。在她看来，"文化是需要传承的，我们就是希望通过这种轻周边的形式，或者说通过一种简易的形象去加深年轻人对侨批文化的印象。"

侨批系列文创一推出就大受欢迎，不仅青春动漫馆的线下商店售罄，陆续还接到不少定制礼盒的需求，对青春动漫馆团队而言也是一种鼓舞。"接下来我们还将深挖侨批更多的文化细节，尝试设计更多文创产品。侨批不仅存在福建，潮汕等地也有，对我们来说，设计的过程中还要突出泉州的地域属性，做出本土化的文创。"饭饭如是说道。

侨批外之物

"到处可以见到一些成功者的华丽住宅，这些人或凭借不正常的好运气，或凭借杰出的才智，设法在爪哇或海峡殖民地积累大笔财产，然后安全地把它们带回自己的家乡。"《海关十年报告：1882—1891》的这段记录中提到的"成功者"，是一批 19 世纪、20 世纪下南洋谋生后荣归故里的鼓浪屿华侨，他们将金钱、新事物以及新思潮带回鼓浪屿这座小岛，历经百年的熏陶塑造了鼓浪屿的人文气质。

其中大多数华侨能够安全将财富带回乡，与当时鼓浪屿乃至厦门地区侨批业的发展息息相关。譬如定居鼓浪屿的菲律宾华侨黄秀烺在从事商贸时就兼营侨批，另一位菲律宾华侨许经权在厦门创办了美南信局，对外开办侨批业务。日寇攻陷厦门之后，大批原本在厦门市区的侨批局转移到鼓浪屿，鼓浪屿一度成为新的闽南侨批、侨汇中转站。正因如此，百年鼓浪屿博物馆馆长洪明章得以收集到众多与厦门及鼓浪屿侨批历史相关的信件、汇票及相关物件，专门在馆内开辟了一间侨批主题的展厅。

在这间展厅里，人们首先关注的往往不是侨批，而是造型各异的印章、不知何用处的竹篮、船票和行李牌，还有写着"信益栈"和"漳发栈"的匾额，"这是从前两家厦门客栈的招牌，曾经兼营侨批业务，当时厦门有很多这样的客栈。"洪明章饶有兴致地介绍道。从展品的陈列可以感受到他对厦门侨批文化有着独特的观察视角：比起对一封侨批字里行间的解读，他更偏爱收集与之相关的职人及机构、交通等物曾存在的痕迹，或许这能让人们对侨批的价值有新的认知，明白那不仅仅是一封信汇合一的文书，更是一个时代社会变迁的见证。

不同品类的展品不断延展参观者对侨批文化认知的外延，譬如那些水客专用印章就让参观者意识到，水客这一特殊职业必然是从零散到规范化，推动改变的应是海外华侨寄批的需求大增。另一些跟侨批一同收集来的船票、轮船公司广告和行李牌，则暗示了闽南侨乡与南洋各国往来之频繁。侨批不止在华侨家庭间流转，还有不少人的沉浮和行业的兴衰都与之息息相关，这也是洪明章想通过这一展厅传达给参观者的。因此他并不将展品局限于这间小小展厅，而是通过各侨批主题展览，让它们更多地被大众所知，譬如曾在闽台小镇举办的两岸家书侨批展，洪明章就提供了许多与厦门侨批相关的信件和物件，希望通过这样的展示，让厦门侨批往事再度回到大众视野。

泉州侨批馆内珍藏的侨批信件及相关物件，带人们重新回到那个华侨拼搏的年代（图／王柏峰）

线上线下齐展览

漳州古城的芳华里，曾是漳州卫署所在地，如今这条 100 多米长的巷子已褪去往日荣光，沉淀下一种宁静的气氛。在巷子入口处几家年轻人开的文艺小店之中，有一栋看上去普通的老房子，往往周末时大门打开，人们才会注意到，这是一座侨批文化主题的公益性私人展馆。

漳州收藏家林南中是这座南风侨批馆的主理人，他从 20 世纪 90 年代末便开始收集侨批，尤其关注闽南侨批。多年来收集和研究侨批，他愈发觉得这些看似不起眼的信件充满魅力，他从当中了解闽南的传统文化，感受过去闽南华侨下南洋打拼的艰辛，还有诸如水客、批脚这些与侨批息息相关的群体，以及闽南侨批局从兴起到落幕的历程。

正因为有这些积累，他萌生了做侨批展馆的念头，最终选址在芳华里的这座老房子里，展馆内陈列着他多年来收集的清末至 20 世纪 90 年代的侨批、货币以及从海外寄回国内的物件等。如何布置展柜及摆放展板都是林南中独自斟酌完成，一楼小天井处还布置了一处站柜，"参观的人可以在这里体验写批和寄批。"他兴致勃勃地介绍道。南风侨批馆正式开馆的那一日，林南中特别邀请附近学校的小学生来参观，他们好奇地趴在展柜上，看着那些发黄的信纸，向林南中抛出一个个问题，还背上了馆内定制的侨批包，扮演了一次"小批脚"的角色。在博物馆日，芗城实验小学文学社小朋友们也组织前来参观，在林南中看来，尽管侨批的时代已经落幕，但通过展馆这一媒介能够让年轻一代了解先辈的故事，也是一种文化传承。

南风侨批馆不仅是一处展览的空间，更是林南中与其他侨批收藏家、研究学者及爱好者交流的地方。他们时常拜访此地，一边看着展板上的内容，一边听林南中娓娓道来收集侨批过程中的趣事。另一方面，林南中也认真运营着线上的展馆，在名为"南风侨批馆"的公众号上，他持续分享自己对侨批及漳州本土文化的研究和见解，既有侨批故事、华侨历史，也有闽南番银、漳州古城等专题文章，通过新媒体的传播力，让更多人知道漳州古城内的这座侨批馆，同时也能与更多侨批爱好者实现"云交流"，让侨批文化深入人心，人们会对往昔历史更怀有一份敬意。

闽南番仔楼，悠悠往事（图／林志杰）

倘若要举出闽南地区侨乡最显著的特点，莫过于散落于乡镇村落的侨楼，它们的存在是众多归国华侨衣锦还乡的缩影，因为建造的资金多是用华侨寄回家乡的侨批，同时兼具南洋风格、西洋风格及保留闽南韵味的造型、器物，是华侨在海外经历多元文化的碰撞及融合之后、返乡所进行的实践。

大厝里说侨事

文 / 郑雯馨

华屋识华侨

安土重迁是中华民族精神最基础的底色，纵然是从宋元时期便扬帆远航，往四方贸易的闽南人也是如此，自 19 世纪中叶起浩浩荡荡的下南洋移民潮中，大多数人都是为求生存而被迫背井离乡，因此更加盼望着有朝一日能衣锦还乡，用从南洋挣来的钱，在家乡盖起一栋气派华丽的大厝。不少海外华侨在寄给亲人的侨批中，就十分坦然地吐露出这样的愿望。譬如一封 1951 年由缅甸寄回家乡的侨批，写信的华侨细致地交代了家乡房屋的设计、结构、备料等环节，包括"厝地预先弄清楚请人测量，按六路九架顶下落兼双护厝，……高基石亦要多奠几层，以求基础牢固为最切要"。还特别提醒亲人，建造新屋不要一味追求美观，而枉顾了实际居住的舒适度。

除了传统大厝，一些极具南洋风格的侨楼同样能彰显屋主的身份，行走在集美大社，时不时就会因一栋外观精美的侨楼驻足，譬如旅居泰国的华侨陈水湾家的泰和楼，这是一座以花岗岩做房基、整体用胭脂红砖砌建的三层洋楼，走近才发现楼内依然是闽南传统的布局。这座侨楼的特别之处在于，男主人陈水湾并未真正参与建造，因为他一直旅居南洋，留在大社的妻子便用他寄回来的钱，监督建造了泰和楼。另一座同样由华侨出资建造的建业楼，说起其建造始末，则体现了华侨心系故乡之情：建业楼的楼主陈建业早年到泰国发展，1952 年他回乡见到亲戚居住条件差，于是次年便寄回了钱，并嘱咐亲眷委托陈嘉庚的建筑工程队帮忙建造。据陈建业家族后代回忆，"叔公最初的设计图是建成小洋楼，有围墙，有花园，但是陈嘉庚说集美这里家族成员多，充分利用空间，多建几间房间，可以让更多人住。"建业楼完工后，陈建业还专程回乡，并将建房剩余的钱款设立为救助基金，帮助有困难的宗亲。

　　纵然都是由华侨出资或主持建造的新屋，由于财力和眼界的差距，所造的大厝或新屋的规模也不尽相同。譬如一封 1948 年 3 月 11 日从马尼拉寄晋江的侨批，华侨吴修淑对于建造新屋一事满是遗憾，他写道："愚此次回里，本欲建筑以丁俳之形而已矣。经过调查，原料货价大约贰仟元左右美钞之额就可以完成。一见乡中尽皆建筑宏大之基业，抱首万分惭愧。"可见同一侨乡的华侨难免会将自家的新屋与其他人相比较，毕竟一栋大厝或侨楼的建成，往往便是华侨经济崛起和地位提升的最好证明。

新垵的女婿

　　《厦门志》曾经指出，当年海外华侨"富者得捆载而归，贫者搏升斗自给"，生动形象地描绘出华侨的不同境遇。事业有成的华侨寄往家乡的侨批，自然洋溢着一派意气风发，例如一封清代末年从海外送至新垵惠佐社的侨批上，赫然写有"外附上国币洋银三万元正"等字样，

振春公司用箋

仰光南勃陶門牌十八號

CHIN CHOON & CO.,

No. 18, GODWIN ROAD, RANGOON.

列　字第壹頁　編號　真

昌面賢嫂聯鑒，敬者叠接母親來諭，要從速建築大廈，為

順從大人慈命，我等兄弟己決意，排除一切困難，籌備應付。

但建築事業，要預先計劃，縝密考慮，能收到美滿效果，故畧為

談之。此次要進行建業，對於屋地須先行弄清楚，請照豎娥夫測量，

按六路九架頂下落，兼雙薄屋，操先建中間大廈，兩畔薄屋後來續。

建所以西畔薄屋地，要景得足用與否，可得異日設法。若地中基墊

高基石亦要多真多筭，層層來基礎鞏固為最切要。其他如全屋高深大小

尺度，更要配合適宜，以合于建築制度。又美觀。大廳圖樣及形式可以與王

燒包君相同。屋內此有窗門壁路，也要計算妥當。適合光線空氣充

足，並以堅固耐久為本，不可專尚美觀，不顧實際。倘興工時，材料要次

購足，以免久延時日。又可避物價波動之損。為求從速完成及工人認真

計，故催土司夫亟取好僱用兩監，並選擇有常識經驗。老實可靠不

但中途免發生枝節。而且土工認真于鞏固大有關係，亦可不注意及之。

公曆一九五一年　月　日

PHONE No. S. 290. 電話(南)二九零號

一些侨批中，可以看到华侨是如何详细交代家人用寄回的钱款建屋盖楼

来信的内容便是与亲眷商量如何建造大厝。如今新垵村依然保留着众多闽南古厝，外表看上去与其他闽南古厝大相径庭，但细心观察就会发现，古厝数米长的墙裙和柜台角用的都是一整块花岗岩，可以想见屋主当年之阔绰，故而在海沧一度流传这样的说法："看过新垵的厝，就知道新垵的富。"

新垵的富从何而来，在新垵清河轩古民居里，有些许蛛丝马迹能告诉人们答案：福建省闽南文化研究会理事卢志明在探访古民居时，发现了屋内一副特别的壁画，背景是传统山水画的风格，特别的是岸上出现了几栋西洋风格的建筑，而不远处的江面上则停着一艘帆船。屋主将壁画称作"番船图"，他告诉卢志明，清朝年间，自己的先祖曾经到南洋与"番仔"做生意，在海外所见的各种船舶给他留下深刻印象，于是当他回乡建屋，便请人在壁画上画下船舶的形象，作为对他那段经历的纪念。

在卢志明看来，这幅壁画正体现了新垵人与海洋的联系，"新垵霞阳的子弟下南洋历史悠久。据老族谱记载，早在元代，一位叫邱毛德的新垵人就到南洋闯荡，所以，男人下南洋成为一种风气。"历史上海沧几乎所有侨属都有侨批收入。天一批局就特地在海沧新垵设立分局，可见当时下南洋的人数之多，以及华侨所带回的侨批数量之大。当新垵的男儿纷纷出海，村中自然只剩下妇女老幼，一些生活上的杂务依然需要青壮年帮衬，因此新垵不少侨眷家庭有意招女婿入赘，久而久之成为一种风俗。据了解，有些入赘的女婿甚至能与妻子的族亲一同到海外经营生意，在履行对女方家庭的职责之余，他个人也能开拓一番事业，因此有"吃得饱，穿得暖，到新垵（属海沧）给人招"的俗语流传开来，侧面反映了时人对"新垵女婿"的态度。

文化的碰撞

气派的大厝预示着屋主下南洋的成功，正是在这种心理的驱动下，闽南侨乡出现了众多古厝群及侨楼，它们又构成了人们对华侨这一群体的鲜明印象：恰如建筑中所体现的闽南传统与南洋文化的交融，华侨也是在原有文化的基底下，不断吸收南洋乃至西方文化，形成了多元共融的群体个性。

这样的交流融合还体现在闽南地区的侨批局的建筑风格上，如赫赫有名的天一信局，其位于漳州龙海角美流传村的总局就具有强烈的南洋风格，其建筑正立面的外廊部分有列柱，或为圆拱、弧拱，外廊部分取代了闽南传统民居的天井，成为人们休闲生活的空间。建筑体量上接近于正方体，是典型的中西合璧式建筑，结构优雅大方、雕花刻栋、古色古香。至于华侨建构的民居，同样受到东南亚建筑风格的影响。在晋江一蔡姓华侨家庭往来的侨批中，有一封特别提到家乡正在修建的房屋时说："但承闻所造高屋，谅早已兴工否。但余来岷许久，毫无善策之可言也。唯有客体粗安而已。适于船期之便，特逢外付去艮两大圆，到祈检收，覆音来知，余言后启。"传统闽南建筑均为几进几开间的制式，信中提到的"高楼"，应该指的是盖二层以上的楼房，这正是受到南洋建筑风格影响的体现。

华侨往来闽南与南洋两地，除了促进文化的交流融合，两地的物品也借此实现跨境流动，据晋江东石蔡建安家族往来马来亚的侨批所记录，蔡氏家族在菲律宾经营的药行，时常出现闽南各地的药品，"兹将泉州地出产各品列左可采办由行李随身带来"，所携带的包括泉苑水心种、正清源泉饼、秋水肥兜丸、散庄秋石丹等等，信中还特别提到"再将厦地出产驰名可采办由行李带来"，信中特别列举了包括止嗽精、吊金丹、狗皮糕在内的厦门出产的药品采购清单。另一方面，东南亚的一些物产及时兴新物也被华侨带回侨乡，有些成为新屋内的时髦装饰物，侨眷们居住在那些融合了中西文化特色的建筑里，日日接触及使用各类新奇物品，这一切都潜移默化地重塑着侨乡社会的面貌。

华侨将咖啡文化带回闽南（图/梧林传统村落）

对生活在闽南侨乡的华侨及后代而言，南洋这个词饱含诸多复杂的情感，在更早的时候，它还代表着一种"洋气"生活，从海外寄回的新潮物件、侨批中描述的海外正流行的饮食、时尚及思潮，潜移默化地影响侨乡，最终融入当地生活，形成了具有鲜明华侨印记的生活方式。

南洋"新"风，吹入闽乡

文 / 郑雯馨

曾有人将侨批比作是打开收藏近代闽南世情世相的宝箱的一把钥匙，当年在海外的华侨用侨批与故乡亲人分享彼此近况，他们在海外见识了新事物、接触到了新思潮，自然会诉诸笔端，甚至随信寄回物什，也让亲人得以体验和享受新事物。原本只是下南洋的华侨向家乡亲人报平安、话家常的侨批，却令一百多年后的人得以摸索 19 世纪中叶至 20 世纪六七十年代闽南地区生活图景的细枝末节。

南洋初印象

鼓浪屿上的百年鼓浪屿博物馆，专门辟出一个侨批主题的小展厅，其中一个展柜内整齐陈列着附在侨批里、从南洋各地寄回鼓浪屿的明信片，当中不乏展现南洋当地生活的场景：异域风情的建筑、热闹的商业街、乘坐马车的华侨、身穿西式礼服的华侨少女等。至于那些自小在侨乡长大的孩子，他们更期盼的，往往是伴随侨批一同寄回来的各色南洋点心，当家中长辈从水客或批脚手中接过那份薄薄的侨批、无比认真地读信之时，一旁的孩子就在分享番仔饼、牛奶糕及果干。

百年鼓浪屿博物馆内，展出一系列体现华侨南洋生活的明信片

还有些闽南老华侨家中珍藏着百年前从南洋寄来的留声机，当年那些年轻的侨眷一边听着从留声机传出的婉转乐声，一边挂念着在海那一边的亲人，也许还会透过乐声，勾勒出别样的南洋生活图景。

闽南师范大学文学院讲师魏宁楠在进行闽南侨批的文本解读时，对其中颇具生活化的细节格外感兴趣。譬如一封 1932 年从仰光寄往同安的侨批，在海外的丈夫曾荣缄告诉妻子杜雪珠"中夹来之布办，今无此种花样，因仰乃是奢华之地，花草每月变款不同。愚现已采二三种，比前更美丽耳，钩时行之样，必能合意。祈勿介念。今先寄上布办两种夹在信中，至即查视。"起初看到这封侨批时，魏宁楠的感受是"他们好时髦啊！"信中的布办即样布，结合前后文可知，妻子先前寄去了一些不同花样的样布，希望在仰光的丈夫能帮忙采买同款布料，但信件一来一往耗费了不少时日，妻子想要的款式已经不流行了，丈夫很体贴地挑选了几种流行款式，给妻子寄去样布让她挑选。

魏宁楠推测，也许是杜雪珠看到其他侨眷从海外收到花样别致的布料，或是当时厦门市面上出现过来自南洋的花布，才有了这样一封温馨的侨批。虽然分隔两地，但丈夫对妻子可谓有求必应，从侧面也反映出曾氏的经济条件尚可，故而能采买三两样更美丽的花样，满足妻子的爱美之心。同时凸显彼时厦门与南洋的来往之密切，大批闽南华侨下南洋打拼，将工作赚到的余钱寄回故乡补贴家用，南洋时兴的潮流风尚也随之传到闽南，两地文化得以相互影响。可以想见，当年像杜雪珠这样的侨眷身穿用海外的时髦布料裁制的衣服行走乡间，应该也成了侨乡的一道靓丽的风景。

华侨与咖啡

"咖啡精二矸（可分一矸送母舅宋美）、针三包。另一小包送与舅父的，可与雨伞及咖啡精一矸送与他。切切。"这一封收录在《闽南侨批大全》的侨批，是一位名叫傅梦痕的闽南华侨从菲律宾寄给家乡的女儿傅玉珊的，他在信中还嘱咐女儿，可向家中长辈请教咖啡精的用法。尽管据相关史料记载，早在同治二年（1863），厦门海关就记载了一笔数量为 63.51 担的咖啡商品进口记录，这也是中国首次出现咖啡商贸的官方记录，但在魏宁楠看来，"咖啡在闽南侨乡社会的流行并非借助官方力量，而是得益于闽南华侨这股民间力量的推广。"

咖啡作为东南亚最重要的经济作物之一，早已融入南洋当地生活中，据魏宁楠介绍："南洋的咖啡店被称作'Kopitiam'，清晨到'Kopitiam'点一份咖啡蘸油条，再加几片烤吐司和两颗半熟鸡蛋，是东南亚普通民众一天的开始。"当闽南华侨来到南洋，自然会接触到咖啡及这一饮食习惯，他们也将其传入闽南，故而我们能在一些闽南侨批里，发现有关咖啡的话题，如今厦门有不少老华侨依然习惯每天清晨来一杯醇香的咖啡，他们也乐于向小辈们"推销"咖啡配油条的吃法：掰一截炸得金黄酥脆的油条，浸入咖啡片刻后，入口的咸甜滋味一下子就将老华侨们拉回往昔拼搏奋斗的南洋岁月。

"部分闽南华侨还凭借咖啡担、咖啡店掘得在南洋的第一桶金。"魏宁楠如是说道。鼓浪屿上黄家花园的主人黄奕住初到三宝垄时做的是货郎担的营生，他一个人要煮咖啡，还要送咖啡和糕点到客人家中，后来认识了在他咖啡摊旁摆摊的侨生姑娘蔡缰娘，两人成亲后，黄奕住从挑担的小贩变成杂货店的店主，之后他的事业版图不断拓展，终于缔造了从一名剃头匠到中国首富的传奇。厦门的咖啡文化正是在华侨的影响下形成的，早在 20 世纪 30 年代，厦门就出现了专门的咖啡店，在《厦门饮食文化》一书中，就列举了这一时期厦门的众多咖啡馆，譬如罗克咖啡馆、小桃园、兴华等，在一些酒楼饭店的菜单上，都能见到"内设咖啡厅"的介绍。现如今行走在厦门的大街小巷，总能见到来自不同国家及地区的咖啡连锁店，以及诞生于厦门本地的社区咖啡馆，无论形式如何变化，从华侨将咖啡文化带回闽南伊始，其维系社交往来的媒介身份并未改变，从前联系的是海外华侨与侨乡亲眷，而今呈现的则是一种更为包容开放的城市气质。

牛乳与新风潮

1932 年 3 月 30 日，新加坡的郭懋岸在寄给同安马巷后村的妻子李氏的信中谈道："小儿英成，最幼之子，牛乳须备足与吃，切不可缺少，是乃至幸。"在魏宁楠看来，牛乳哺育称得上是西方文化在闽南侨乡成功移植的典型案例之一，同时她指出："近代牛乳真正地融入侨乡民众的日常生活，与海外华侨对牛乳功效与作用的积极宣传分不开。"尤其当厦门成为通商口岸之后，在厦门逐渐掀起一阵饮用牛奶及乳制品之风：1905 年，华侨陈鼎元创办了厦门畜牧公司；民国时期，厦港一带的水牛埕曾是养牛、挤奶的"牛奶街";据1931年《厦门指南》、1932年的《厦门工商业大观》统计,"每天早上送奶上门,每碗4两,每月约2元;二两庄的一元以上,四两庄的二元"。由此可见厦门人对鲜奶的需求。

彼时厦门人消费的乳制品除了鲜奶还有炼乳和鲜乳,后两类主要从国外输入,并带来了别具一格的饮食风尚:例如将牛乳用于制作冰激凌和拌食果子,是当时不少富庶家庭常见的下午茶;还有一些奶粉品牌打出了"成分完全与母乳无异,独一无二之佳料"的销售卖点,用牛乳哺育的观念,同样受到闽南华侨的认同。从1948年8月16日侨居马尼拉的王财福寄给集美珩山乡的妻子陈牡丹的一封侨批就可看出这种观念的转变,王财福在信中劝妻子:"小宝宝的抚养方法:你的乳既然不足供给,你尽管用牛乳来代替。牛乳你要买正庄老人牌,不要买别标头,不要买假的。价钱是没有关系,只要小宝宝肥胖、天真活泼就好啦。对于食牛乳的小宝宝不一定比食母乳坏。在这地方,很多的小孩子出世,就没有食他妈的奶,他们都是食牛乳,总比食母乳还肥胖啦!你切不要认为食牛乳是比不上母乳的。"

王财福信中所指的"在这地方"应该就是马尼拉,正因当地有牛乳哺育风俗,而且他亲眼所见当地食牛乳的孩童更健康,才会写信劝说家乡的妻子购买乳粉,还细心地介绍了具体的品牌,言语间充满了对孩子的浓浓爱意,更展现了西方育儿理念与闽南传统育儿理念相互碰撞、融合的过程。华侨从海外寄回或带回的新事物,有些已经变成了回忆,有些则融入闽南侨乡社会,潜移默化地改变着当地的饮食习惯、生活习俗,进而影响着闽南侨乡社会文化的变迁。

下南洋不易，归乡亦难，这是自 19 世纪以来许多海外华侨的心声。从木帆船到火轮船，他们的旅程见证了时代的发展，而留守侨乡的双亲、妻儿，心中最大的慰藉，就是收到象征亲人平安的侨批，分离两地的人最终的期盼，不过是见到乘船归来的亲人的身影。

远行的背影，归来的热泪

文 / 郑雯馨

赚钱出外洋，心肝不离乡

"唱出番客有这歌，番邦趁食五兜划；为着生活才出外，离父母，离某子。五年八年返一摆，做牛做马受拖磨；想着某子一大拖，勤俭用，不敢开半瓜。"一首《番客歌》唱不尽闽南华侨下南洋的几多艰辛，他们背井离乡、挤上那艘从厦门开往南洋的轮船，希冀能顺利抵达那片象征着出路的陌生土地。据统计，从 1841 年至 1875 年，约有 52.5 万闽南人从厦门出发前往南洋，数十年间不断维系着身在海外的华侨与侨乡亲属联系的，是一封封看似单薄的侨批，字里行间浓缩了闽南华侨从远行到归来的酸楚与不易。

乘"火船"，下南洋

"弟自二月望日至厦即泛火船发轫，越十八日叼荷福庇顺抵垠地。"这是一封 1889 年从马尼拉寄到厦门的侨批，随信还附有 4 块大洋。信中的"火船"即蒸汽轮船。19 世纪中叶，作为"五口通商"的城市之一，厦门因航运交通的便利，成了闽南华侨下南洋的主要集散地。照这封侨批所说，从厦门到马尼拉仅需 3 日，相较于木帆船，乘坐轮船抵达南洋的时间被大大缩短。

然而想要买到一张前往南洋的船票也并非易事，尤其是那些一贫如洗、却又将下南洋视为唯一出路的人。彼时厦门港口附近的一些客栈便兼有帮购船票的服务，譬如原址位于厦门担水巷的福源栈就曾打出"代理南洋各港船票"的广告，即便一时拿不出钱买船票的人，客栈也允许先赊账，待对方抵达南洋赚了钱再汇回厦门。随着下南洋之风日盛，一些客栈又拓展了新的业务——帮忙接收从海外寄来的侨批，再转寄给其亲眷。

除了商栈，还有一些轮船也兼收侨批，百年鼓浪屿博物馆馆长洪明章收藏了一张"太古正期安庆轮船"的明信片，照片上的巨轮来自一家从清朝便于中国有贸易往来的英资洋行，即太古洋行旗下的安庆轮。这艘轮船每隔 10 天就有一趟从厦门开往吕宋的航班，每周一、周三还

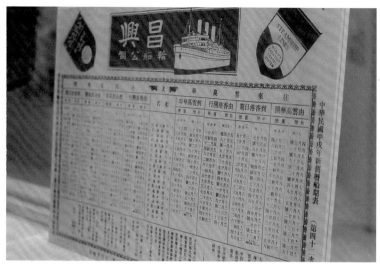

昌兴轮船公司船班时刻表，体现了当年华侨往来东南亚与中国之间的频繁程度

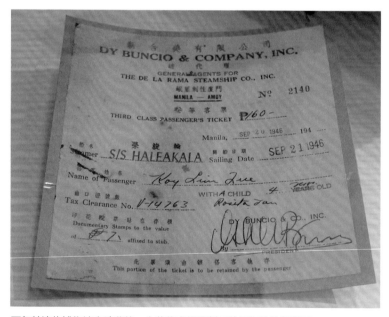

百年鼓浪屿博物馆内珍藏的、由菲律宾岷里剌开往厦门的轮船船票

开设从厦门至马尼拉的航线，据洪明章介绍："安庆轮定期往返厦门与菲律宾，除了载送旅客，还兼收侨批，可以说起到了轮船信局的作用，因此受到旅菲闽籍华侨的欢迎，成了华侨寄侨批的新途径。"

另一份从马来西亚寄往德化的侨批则清楚地描述了闽南华侨下南洋的路径，写信的华侨李焕月告知家人，自己是"自元月初九动身，在永（永春）隔一宵，初十在洪（南安洪濑）宿一夜，十一到厦（厦门），寓永隆栈，为无字新客限制船票，搁至廿六始搭安顺轮启行，迨至二月初四登岸到叻（新加坡），初六到焕愉处偶遇焕国，把家车招遊（马来亚）峇株、文律、昔仔七各埠，越至十二始到林茂（马来亚一地名），一路水陆均安，堪以告慰"。信中提到的安顺轮亦同属太古洋行下的轮船，其每隔 14 天从厦门发往新加坡、槟城，对侨乡的亲眷来说，他们难以想象这一路上的颠簸及个中细节，但那句"一路水陆均安"能让他们悬着的心暂时放下。对初到南洋的华侨而言，这一封"平安批"则代表了他们终于落地，紧接着便是寻找工作，努力在南洋打拼出一番事业。

盼侨批，牵两地

尽管在海外谋生艰难，但闽南华侨始终坚守着对家族的一份责任感，稍有余钱便将侨批寄回乡，用于赡养家小、兴修宗祠、供子弟读书，每当侨批抵达，侨眷家庭都沉浸在一片欢欣喜悦的氛围中，他们对侨批的重视，还体现在用来放置侨批的器物上。

从前在闽南的一些古玩市场及二手市场里，收藏家们偶尔能淘到这样的老物件：呈方形斗状的深口小盒，有些上端为镂空木雕造型，雕刻的都是寓意"富贵""吉祥"的花鸟纹样，有时盒内还立着一叠发黄的信件。据福建省闽南文化研究会理事卢志明介绍，这些老物件是旧时侨眷家中用来放侨批的。"闽南这边有很多叫法，比如'批头'或'批巢'，就挂在大厅，每次从海外寄回来的侨批，就放到这里面收好。"

这些造型精美的批巢，让人感受到时人对侨批的重视，故而连用来承装的器皿都格外用心。放在批巢里的侨批是对外公开的，且批巢无盖，宗亲可随意翻阅，这样的设计背后也是饱含深意。卢志明举例道："一般侨批寄回来多用于赡养家庭、修建宗祠等，华侨会在信里写好钱怎么分配，比如多少银两用来修宗祠，多少银两用来供子弟读书之类的。把侨批展示出来，这样也体现出公平。"

从海外寄回的侨批，除了维持侨乡亲眷的生活，甚至还能"牵姻缘"。厦门厦港街道围仔内巷仃立着一栋红砖民居，名为"卢厝"，其主人是祖籍同安的卢安邦。据传他因科举不顺，转而到菲律宾经商，之后衣锦还乡回到厦门定居。卢安邦的儿子卢文彪喜欢上了当时厦门蒋家的女儿蒋顺喜，可是几次上门提亲都遭拒绝，当时蒋老爷拒绝的理由是，"有卢家的富，没有蒋家的厝"。"大意是指，虽然你卢家很有钱，但你们盖不出像我们蒋厝这么好的大厝。"卢志明解释道。卢家人一听蒋家的条件，当即就决定，要在厦门盖一栋比蒋家更气派的大厝来迎娶蒋家小姐。

从1905年到1908年，卢家终于建成了一座二进大六规的红砖大厝。据卢志明介绍："卢家不仅从东南亚采购上好的材料，用来盖房子的钱也是通过侨批从海外不断寄回来的。"卢家特地从菲律宾进口了上等木材来造屋，选用的石料也是精挑细选，故而卢厝内的木雕和石雕之精美气派，在当时都是无可匹敌的。大厝落成之日，蒋家也依约将女儿许配给卢文彪，"新厝迎新娘"的故事也成了一桩美谈流传至今。

归不易，难忘乡

一张前往南洋的船票，见证了闽南华侨多年的拼搏，一张返回家乡的船票，则凝聚了闽南华侨深沉的故乡情，无论贫富，重新踏上故土是所有在外漂泊、闯荡多年的游子共同的愿望。卢志明回忆起小时候曾亲历在外多年的老华侨归来的场景，每回想起都令他万分感动："从前我们家隔壁就住着一位侨眷太太，我们叫她福嫂。每次她丈夫福哥从海外寄侨批回来，福嫂都会戴起眼镜，伏在桌上认真地写回信。"某一天，正在庭院玩耍的卢志明被母亲叫回屋，原来是福嫂的丈夫福哥从海外回来了，母亲怕他打扰到别人团聚。"过了一会儿，突然有人敲我们家的门。我妈妈一开门，原来是那位福哥。他告诉我妈妈，自己从国外回来了，带了一些南洋的东西，要送给邻居们，算是感谢这些年邻里相互照应。"

福哥带来的物品五花八门，有孩子们喜欢吃的南洋小点心，也有做工精美的南洋针。卢志明回忆道："我母亲收到那个南洋针很高兴，因为那个针眼处是镶金的，比较容易穿线，我后来上学的衣服，都是我母亲用南洋针缝缝补补的，是很实用的东西。"当然了，最高兴的还是那位福嫂，从她的丈夫回家那天起，他们一连好几天都在祭拜祖先和拜天公。其中有一天，福嫂特意穿了一身大红色的衣服，虔诚地上香祭拜，这是感谢祖先和神明保佑她的丈夫能顺利从南洋回乡，从此不用再劳碌奔波，可以在家乡安度余下的人生。

福哥福嫂的经历令人动容，可是并非所有的华侨都能如愿回乡。1928 年 10 月 11 日同安马巷的陈氏给身在泰国的丈夫王克放的回批中说："夫君大人鉴：妾自被皆得殴打，激心忍气，以致犯病，现心气时痛。洪也四处觅药，不能见效，若有好肉桂寄来调治。妾无面回乡，留苏店淡度，候君回唐，然后母子三人一齐归家。前所欠人数条，在外如有得利，渐渐寄来还清。他日君归，清清爽爽，相共回乡，岂不满面春风乎。"从中可知，这位受委屈的妻子将希望寄托在丈夫有一日能衣锦还乡，令他们一家能扬眉吐气。这其实也是多数在海外打拼的华侨的梦想，不过能最终实现这一愿望的人少之又少。1935 年 8 月，身处越南的林锦芬寄了一封侨批给厦门同安的陈文玉，信中写道："虽然想欲梓里，惟是途费不足，而欲在外，惟是食无求饱，居无求安。诚是欲进不得，欲退不能。"寥寥数言，清楚地揭示了当时那些在海外打拼多年、依

置身于百年侨村，做一日小娘惹（图 / 梧林传统村落）

然囊中羞涩的华侨的复杂心理。因为种种现实的因素，他们只能无奈地远望海另一边的故乡，将这份心酸苦楚写进侨批里，内心依然期盼，有朝一日能攒足旅费重返故土。

批远去，侨又来

方正的彩色小票，左右两侧绘制着五花八门的纹样，正中印着"福建省侨汇券、副食品、壹份"等物资信息，除了标注年份，还有福建省商务厅的印戳，这样的侨汇券总能勾起福建不少老一辈人的回忆。在厦门网友"帅不溜秋"印象中，从前华侨大厦内就有一家专供侨汇商品的商店，他第一次吃到公仔面，就是家中长辈用侨汇券买回的。从这些商店买到的蝴蝶牌缝纫机、红灯牌收音机、永久牌自行车更是不少侨眷家庭置办婚礼时令人艳羡的行头。

中华人民共和国成立之初，当时物资供应短缺，福建、广东等地区的侨乡出现了以物替汇的现象，国内收到的侨汇数量下降。1957年7月30日，国务院批准了"关于争取侨汇问题"的文件，通过增发侨汇券，以保障侨眷侨民的物资供应。1958年侨汇券率先在福建省发行，此后其他有侨眷居住的省市陆续印发各类侨汇券，华侨可凭券到指定的侨汇商品供应部门购买生活必需品和日用工业品。除了粮食、棉布、副食品、工业品等，甚至还可买到香皂、糕点、当归等紧俏、特种商品，从一封记叙了思乡之情的侨批，到一叠彩色的侨汇券，不变的是华侨对家国的深厚情感。

侨汇券使华侨与侨眷的基本生活得到保障，持续寄回的侨汇更是在国家经济建设方面发挥了重要作用。1951年颁布的《侨汇业管理暂行办法》规定，侨汇业应根据中国银行要求，按期报送经收及经解侨汇情况，引导侨批业依法经营。不过随着国内邮政和银行机构日益成熟，侨批业的作用日渐式微，1972年5月，国务院下达文件，决定取消私人侨汇业，其业务由银行接办。其中侨信改为通过邮政投递、侨汇则

改革开放初期，人们在厦门友谊商店购买东西需要凭外汇券（图／紫日）

通过银行转入，从原本的"信汇一体"到"有信无汇"，侨批自此变得与普通的家书无异，自然也就从大众视野中消失了。1975年，中国银行对侨汇业务进行整顿，并成立专门小组对各家侨批局资产负债进行全面清理，办理股东退股等事项。1976年1月，各地侨汇业务一律由银行承办，侨批业就此落下帷幕。侨批从业者也迎来了事业的转折，以厦门侨批业为例，大多数从业人员转入中国人民银行厦门市支行国外部，成了银行职员。

改革开放的春风吹入厦门，吸引了众多归侨参与经济特区的建设，譬如历任厦门市第四至十一届侨联主席、新加坡归侨颜西岳带头倡导开办了侨星化工厂、天马华侨农场、华侨亚热带植物引种园、华侨印刷厂、华侨机修厂和华侨中学、华侨幼儿园、华侨托儿所等生产企业和社会福利事业。还有众多海外华侨华人在厦门形成了投资的热潮，岷厦国际学校、新加坡大华银行厦门分行、厦门商业银行等项目的兴办，见证了厦门联结海内外华侨推动城市建设。虽然侨批的时代已成过去，但通过那一封封信件，牵起厦门与海内外华侨情谊的线并未中断，反而随时代发展不断转变新形式，在厦门的城市文化及精神中镌刻下"侨"的印记，走在以华侨命名的街道、望见以华侨命名的商厦，以及静静摆放在侨批展示馆内的侨批，无一不在提醒着人们，那些曾经下南洋的华侨并不曾真正地离去。

后　记

　　为了写好《番爿来批——厦门侨批故事》，台海杂志社派出精干的采编团队，以侨批作为索引，深入采访，钩沉信件背后的故事，勾勒厦门与东南亚等地往来的历史轨迹，生动地描绘了海外华侨的艰辛奋斗与国内侨眷的悲欢离合，展现了侨批在历史与现实、国与家、家与乡等多个层面的丰富内涵。

　　在成书过程中，《番爿来批——厦门侨批故事》得到了许多专家学者的大力支持，在此，要特别感谢陈慧瑛女士、李泉佃先生、黄清海先生、陈石先生、焦建华先生。他们以丰富的经验和深厚的学识，为本书提供了许多有价值的意见和建议，李泉佃先生还为本书作序。

　　我们对所有支持《番爿来批——厦门侨批故事》采编出版的师友表示衷心的感谢！正是有了各位的帮助和支持，《番爿来批——厦门侨批故事》才得以顺利出版，让更多的人能够认识和了解这段珍贵的历史。

　　我们希望《番爿来批——厦门侨批故事》能够引发更多人对厦门侨批故事的关注和研究，让这段历史得以更好地传承和发扬。同时，我们也期待更多的读者能够从这本书中获得启示和感动，感受到厦门海外华侨华人的奋斗精神和家国情怀。

图书在版编目(CIP)数据

番爿来批:厦门侨批故事/台海杂志社编著. 一福州:海峡文艺出版社,2023.12
ISBN 978-7-5550-3502-2

Ⅰ.①番… Ⅱ.①台… Ⅲ.①侨务－外汇－史料－厦门 Ⅳ.①F832.6

中国国家版本馆 CIP 数据核字(2023)第 202038 号

番爿来批——厦门侨批故事

台海杂志社　编著

出 版 人	林　滨
责任编辑	蓝铃松
编辑助理	吴飓苿
出版发行	海峡文艺出版社
经　　销	福建新华发行(集团)有限责任公司
社　　址	福州市东水路 76 号 14 层
发 行 部	0591－87536797
印　　刷	福州报业鸿升印刷有限责任公司
厂　　址	福州市仓山区建新北路 151 号
开　　本	787 毫米×1092 毫米　1/16
字　　数	190 千字
印　　张	16.5
版　　次	2023 年 12 月第 1 版
印　　次	2023 年 12 月第 1 次印刷
书　　号	ISBN 978-7-5550-3502-2
定　　价	68.00 元

如发现印装质量问题,请寄承印厂调换